精准扶贫精准脱贫百村调研**丛书**

CASE STUDIES OF TARGETED POVERTY REDUCTION AND
ALLEVIATION IN 100 VILLAGES

李培林／主编

精准扶贫精准脱贫
百村调研·朱岗村卷

皖北农村脱贫攻坚的路径选择

刁鹏飞　　孙文中／著

社会科学文献出版社
SOCIAL SCIENCES ACADEMIC PRESS (CHINA)

中国社会科学院国情调研特大项目
"精准扶贫精准脱贫百村调研"
项目协调办公室

主　任：王子豪
成　员：檀学文　刁鹏飞　闫　珺　田　甜　曲海燕

总　序

　　调查研究是党的优良传统和作风。在党中央领导下，中国社会科学院一贯秉持理论联系实际的学风，并具有开展国情调研的深厚传统。1988年，中国社会科学院与全国社会科学界一起开展了百县市经济社会调查，并被列为"七五"和"八五"国家哲学社会科学重点课题，出版了《中国国情丛书——百县市经济社会调查》。1998年，国情调研视野从中观走向微观，由国家社科基金批准百村经济社会调查"九五"重点项目，出版了《中国国情丛书——百村经济社会调查》。2006年，中国社会科学院全面启动国情调研工作，先后组织实施了1000余项国情调研项目，与地方合作设立院级国情调研基地12个、所级国情调研基地59个。国情调研很好地践行了理论联系实际、实践是检验真理的唯一标准的马克思主义认识论和学风，为发挥中国社会科学院思想库和智囊团作用做出了重要贡献。

　　党的十八大以来，在全面建成小康社会目标指引下，中央提出了到2020年实现我国现行标准下农村贫困人口脱贫、贫困县全部"摘帽"、解决区域性整体贫困的脱贫攻坚目标。中国的减贫成就举世瞩目，如此宏大的脱贫目标世所罕见。到 2020 年实现全面精准脱贫是党的十九大提出的三大攻坚战之一，是重大的社会目标和政治任务，中国的贫困地区在此期间也将发生翻天覆地的变化，而变化的过程注定不会一帆风顺或云淡风轻。记录这个伟大的过程，总结解决这个世界性难题的经验，为完成这个攻坚战献计献策，是社会科学工作者应有的责任担当。

2016 年，中国社会科学院根据中央做出的"打赢脱贫攻坚战"战略部署，决定设立"精准扶贫精准脱贫百村调研"国情调研特大项目，集中优势人力、物力，以精准扶贫为主题，集中两年时间，开展贫困村百村调研。"精准扶贫精准脱贫百村调研"是中国社会科学院国情调研重大工程，有统一的样本村选择标准和广泛的地域分布，有明确的调研目标和统一的调研进度安排。调研的 104 个样本村，西部、中部和东部地区的比例分别为 57%、27% 和 16%，对民族地区、边境地区、片区、深度贫困地区都有专门的考虑，有望对全国贫困村有基本的代表性，对当前中国农村贫困状况和减贫、发展状况有一个横断面式的全景展示。

在以习近平同志为核心的党中央坚强领导下，党的十八大以来的中国特色社会主义实践引导中国进入中国特色社会主义新时代，我国经济社会格局正在发生深刻变化，脱贫攻坚行动顺利推进，每年实现贫困人口脱贫 1000 多万人，贫困人口从 2012 年的 9899 万人减少到 2017 年的 3046 万人，在较短时间内实现了贫困村面貌的巨大改观。中国社会科学院组建了一百支调研团队，动员了不少于 500 名科研人员的调研队伍，付出了不少于 3000 个工作日，用脚步、笔尖和镜头记录了百余个贫困村在近年来发生的巨大变化。

根据规划，每个贫困村子课题组不仅要为总课题组提供数据，还要撰写和出版村庄调研报告，这就是呈现在读者面前的"精准扶贫精准脱贫百村调研丛书"。为了达到了解国情的基本目的，总课题组拟定了调研提纲和问卷，要求各村调研都要执行基本的"规定动作"和因村而异的"自选动作"，了解和写出每个村的特色，写出脱贫路上的风采以及荆棘！对每部报告我们都组织了专家评审，由作者根据修改意见进行修改，直到达到出版要求。我们希望，这套丛书的出版能为脱贫攻坚大业写下浓重的一笔。

中共十九大的胜利召开，确立习近平新时代中国特色社会主义思想作为各项工作的指导思想，宣告中国特色社会主义进入新时代，中央做出了社会主要矛盾转化的重大判断。从现在起到 2020 年，既是全面建成小康社会的决胜期，也是迈向第二个百年奋斗目标的历史交会期。在此期间，国家强调坚决打好防范化解重大风险、精准脱贫、污染防治三大攻坚战。2018 年春节前夕，习近平总书记到深度贫困的四川凉山地区考察，就打好精准脱贫攻坚战提出八条要求，并通过脱贫攻坚三年行动计划加以推进。与此同时，为应对我国乡村发展不平衡不充分尤其突出的问题，国家适时启动了乡村振兴战略，要求到 2020 年乡村振兴取得重要进展，做好实施乡村振兴战略与打好精准脱贫攻坚战的有机衔接。通过调研，我们也发现，很多地方已经在实际工作中将脱贫攻坚与美丽乡村建设、城乡发展一体化结合在一起开展。可以预见，贫困地区的脱贫攻坚将不再只局限于贫困户脱贫，我们有充分的信心从贫困村发展看到乡村振兴的曙光和未来。

是为序！

全国人民代表大会社会建设委员会副主任委员

中国社会科学院副院长、学部委员

2018 年 10 月

前　言

　　大别山集中连片特困地区是我国脱贫攻坚的"难中之难、重中之重"。颍上县位于安徽省西北部，属于大别山集中连片特困地区，是592个国定贫困县之一。颍上县地处淮河北岸，地势低洼，水灾水患较为频繁，历史上多次作为行蓄洪区，农业生产和人民生活遭受到很大损失。颍上县早在1986年就被国家确定为国家级贫困县，2002年被确定为国家扶贫开发工作重点县，2011年被确定为国家扶贫开发工作重点县和大别山集中连片特困地区片区县。朱岗村位于颍上县八里河镇东南部，历史上长期遭受洪水之害，属于典型的深度贫困村。朱岗村人口多、底子薄，全村1300余户，户籍人口近5500人。近3000名劳动力中，超8成外出务工，6成到省外务工。

　　2016年12月，朱岗村建档立卡131户，其中低保户45户、五保户42户。朱岗村致贫原因有原有村庄基础设施薄弱、村民受教育程度低且缺少专业技能、村民对教育不重视、缺少劳动力、农业生产基础设施差及农业发展项目少等。

　　朱岗村的精准扶贫工作面对以下突出问题：贫困类型

呈现多样化特征，即由普遍贫困向特殊性贫困转变、由以绝对贫困为主向相对贫困过渡、长期性贫困与暂时性贫困并存。致贫原因由原先物质困乏、洪水频仍、交通不便、劳动技能缺乏等外部性因素向生计不稳定、个体依赖性强等内生性因素，以及因病致贫、因病返贫转变。市场化过程中贫困地区农村居民市场参与能力弱，其生计特征从缺穿少吃转变为能力脆弱。进入脱贫攻坚以来，朱岗村坚持在高质量发展中推进精准扶贫，找准了脱贫发展的内生动力，实现了脱贫攻坚与村庄综合发展、贫困农户生计能力增强、新业态融合发展的统一。自2014年10月扶贫帮扶队驻村以来，朱岗村的贫困状况得到了根本性的改观。随着内生发展动力的增强和帮扶举措精准性的提高，朱岗村的贫困问题得以解决，正在迈向更高质量的发展。

摆脱贫困不仅需要发展经济，还需要加强社会建设，在贫困治理过程中需要坚持"五位一体"总体布局，调整经济结构，转变发展方式，加强党的领导，吸引多方主体参与，激发内生动力，优化资源环境；需要因地制宜，找准穷根，精准施策，做到扶贫对象精准、扶贫产业精准、扶贫方式精准、扶贫成效精准。本书通过实地调研，探究朱岗村的致贫原因和帮扶措施，对皖北其他地区精准扶贫的路径带来启发。本书从新发展主义角度出发，避免传统发展主义的窠臼，传统发展主义片面强调以经济增长为核心，没有实现社会、文化、生态环境、贫困主体生计能力的同步发展。本书主张从贫困主体的内生性发展、综合性发展和整体性发展入手，把扶贫的重点放在贫困人群自身的能力建设上，从而优化扶贫举措。

朱岗村位于沿淮贫困带和大别山集中连片贫困区的交界处，经济社会发展基础薄弱，村民人力资本水平低下，村庄基础设施不完善，农业生产抗风险能力不高，脱贫致富缺少内生发展动力。可以说，贫困与脆弱性交织是朱岗村所在特困地区的区域特质也是其发展陷阱。因此，朱岗村在脱贫攻坚中，需要寻找到最为脆弱之处，从最弱处着手强化脆弱人群的能力，从而促进其自身反脆弱发展。产业扶贫是反脆弱发展的重要途径之一，应该挖掘本地生态资源的优势，通过提高农业科技创新能力、加大农村人力资源投入、建立健全现代农业社会化服务体系等调整农业产业结构。健康扶贫是当地脱贫攻坚的难中之难，可改进贫困户生活习惯，提升其健康意识和健康维护能力，构建健康扶贫的保障体系，增强贫困家庭的可行能力。教育是切断贫困的代际传递的重要途径，是朱岗村经济社会发展的基石，是提高村集体经济收入、增加劳动力就业机会、促进居民增收的根本途径。稳定脱贫必先强教，优先发展教育，提高教学质量。就业扶贫是朱岗村保障贫困人口稳定脱贫的关键。通过大户带动就业、发展农业合作社吸纳就业、扶持扶贫车间创造就业等，鼓励具有技能的劳动力外出务工增加经济收入，提升家庭资产建设的能力，减小脆弱性贫困发生的可能性。

本书的章节安排如下。

第一章介绍了本书的研究目的、研究问题、研究方法和资料来源，梳理相关文献，确定分析框架；概述了朱岗村精准扶贫的情况和脱贫攻坚实践经验。

第二章主要围绕产业扶贫的必要性和迫切性，分析朱岗村产业扶贫的实践、突出问题及成因，并从新发展主义视角提出产业扶贫路径创新的政策建议。

第三章主要从疾病与贫困的关系，揭示健康扶贫的重要性、迫切性与可行性，基于实地调查资料，分析健康扶贫与朱岗村健康保障体系的构建、提出健康扶贫的政策建议。

第四章梳理教育与贫困的关系，分析新发展主义与教育扶贫的融合之路，基于朱岗村教育扶贫的实践经验与突出问题，从新发展主义视角建构教育扶贫的路径。

第五章介绍颍上县生态扶贫政策历程，结合实地调研资料，分析朱岗村生态扶贫的困境与原因，基于新发展主义的视角提出优化生态扶贫的政策建议。

第六章梳理就业与脱贫的文献，归纳建设生计能力对农民减贫的重要性，分析就业扶贫的政策实践，揭示就业扶贫的困境及成因，并提出促进就业扶贫与生计能力可持续发展的政策建议。

第七章系本书的结束语与展望，梳理新发展主义与朱岗村精准扶贫的路径选择，并展望精准扶贫精准脱贫未来发展。

目　录

第一章

皖北农村脱贫攻坚的路径选择

第一节 研究缘起

一 研究目的

　　本书是对安徽省颍上县八里河镇朱岗村的实地调研报告。笔者从社会学视角,通过实地调研,收集整理分析当地精准扶贫精准脱贫的具体措施、政策落实情况及效果,分别就产业扶贫(含旅游扶贫)、教育扶贫、健康扶贫、就业扶贫、生态扶贫、家庭生计能力建设等方面的反贫困举措加以梳理,以朱岗村个案为基础,总结对皖北农村地区精准扶贫精准脱贫现状、问题与趋势的思考,提出相应的政策建议。

1. 反贫困的中国经验

贫困与发展在人类的生活中交织在一起。贫困是一种欠发展的状态，但是单纯的经济发展不是贫困家庭长期、稳定脱贫的长效药方。世界各国尤其是发展中国家的反贫困行动证明，传统发展主义片面强调以经济增长为核心，没有实现社会、文化、生态环境、贫困主体生计能力的同步发展，不可能解决发展中国家的贫困问题。中国的反贫困行动经历了从补助式扶贫到开发式扶贫的转变。特别是改革开放以来，我国大力推进扶贫开发工作，20世纪80年代中期成立国家扶贫开发领导小组，建立起从中央到地方县乡的管理扶贫开发事业的专门机构。从八七扶贫开发计划到精准扶贫精准脱贫战略，中国多年的扶贫开发，成功消除国内的绝对贫困现象，为发展中国家的反贫困工作提供了中国范本。摆脱贫困不仅需要发展经济，同时需要加强社会建设，在贫困治理过程中需要坚持"五位一体"总体布局，调整经济结构，转变发展方式，加强党的领导，吸引多方主体参与，激发内生动力，优化资源环境；需要因地制宜，找准穷根，精准施策，做到扶贫对象精准、扶贫产业精准、扶贫方式精准、扶贫成效精准。

笔者通过实地调研，探究朱岗村的致贫原因和帮扶措施，对皖北其他地区的精准扶贫路径有一定启发。朱岗村是皖北地区典型的国定贫困村，本书在对朱岗村精准扶贫资料分析的基础上，梳理精准扶贫实践与突出问题，以此探索扶贫开发治理机制和模式，提高扶贫资源配置效率，丰富安徽北部区域协调发展、生态绿色发展、社会和谐发展经验和完善具有中国特色的扶贫开发治理机制和理论体系。本书从新发展主义角度出发，避免传统发展主义的窠臼，主张从贫困主体的内生性发展、综合性发展和整体性发展入手，把扶贫的重点放在贫困人群自身能力建设上，从而优化扶贫举措。

2. 服务地方经济社会发展

从实践来看，研究朱岗村精准扶贫现状及其存在的问题，基于新发展主义视角探索从缓解贫困转变为增强生计的能力的扶贫模式，帮助村民脱贫，这对于地方经济发展和建成全面小康社会意义深远。通过提升治理主客体现代化水平，促进扶贫资源有效配置，提高扶贫治理能力和效果，不断创新扶贫开发治理机制，对于"机制活、产业优、百姓富、生态美"的农村社会建设具有重要的现实意义。

二　研究问题

1. 精准扶贫的政策背景与实践

贫困与发展息息相关，扶贫也是中国农村发展的应有之义。从全球工业化进程来看，随着工业化步伐的加快，农村贫困人口将会逐渐减少直至消失。所以最终实现消除贫困的途径是工业化、现代化、城镇化。有效消除农村贫困成为中国经济和社会发展所面临的主要挑战，也是构建社会主义和谐社会的应有之义。反贫困战略中观层面的三个相关因素在操作层面上也有既定的排列次序：首先是经济增长，其次是劳动分配，最后是社会保障。[①] 经济增长势头再好，如果没有与之相适应的社会分配，反贫困的目标也不能实现。经过多年的扶贫开发工作，虽然中国已经解决了贫困人口的温饱问题，但是传统的经济增长并没有给穷人带来改善生活的机会。近40年的经济发展表明，贫富差距加大了。而且当前贫困问题由普遍贫困向区域贫困转变，从以绝对贫困为主向相对贫困过渡，长期性贫困与暂时性贫困并存。致贫原因由原先物质困乏、生态环境恶劣、交通不便、人力资本不足等外部性因素向生计不稳定、个体依赖性等内生性因素，以及因病致贫、因病返贫转变。市场化过程中贫困地区农村居民市场参与能力弱化，其生计特征从缺穿少吃转变为高度脆弱。显然这种形势下，应反思我国传统的开发式扶贫模式，揭示传统扶贫模式的不足以有效应对当前贫困多样化的特点。当前农村精准扶贫具有了坚实的经济基础。传统的农村反贫困模式是整体性的扶贫开发模式，其扶贫精准性差，无法使深度贫困家庭和农户脱贫致富，因而必须转向以"靶向治疗"为特征的精准扶贫模式。党的十八大以来，习近平总书记从全局角度对新时期的中国贫困问题进行了更加深入的思考，提出了切合中国实际的精准扶贫战略。因此，从当前农村经济社会发展状况，追踪皖北农村地区精准扶贫的路径，探索新发展主义视角下，皖北农村精准扶贫精准脱贫的未来趋势非常迫切而必要。

---

① 唐钧：《追求"精准"的反贫困新战略》，《西北师大学报》(社会科学版) 2016年第1期。

2. 研究问题与分析思路

反思和研究皖北农村地区的脱贫攻坚问题及其路径创新模式既是理论问题，又是亟待解决的现实问题。本书主要聚焦于贫困与发展之间的关系，梳理新发展主义与精准扶贫的契合点。

发展能够消除贫困。进入工业革命时代，虽然生产力得到空前的提升，社会财富获得了前所未有的增长，但是，贫困问题变得更加显眼。经过40余年的改革开放，我国生产力获得了高速发展，农村绝对贫困人口从1978年的2.5亿下降到2012年的9899万人。目前，我国农村贫困人口分布在革命老区、边疆地区、连片贫困区、少数民族地区，呈现点（14.8万个贫困村）、片（贫困连片区）、线（生态脆弱贫困带）并存的特征。许多刚脱贫农户经济状况极其脆弱，气候、市场、家庭任何一个方面的变故，都能使他们返回贫困。同时，当前我国的相对贫困问题也较为突出，尤其是农村地区。就颍上县而言，农村公共服务发展滞后、社会保障建设的低水平、贫困人口的受教育水平低下和健康维护能力不高，使贫困人口在开发式扶贫的过程中不断被边缘化，仍面临发展能力建设不足、可持续性人力资本开发不足、权利贫困问题难以解决等问题。这样，当前农村地区的精准扶贫需要深入剖析贫困问题的复杂性，从新发展主义视角，反思当前精准扶贫战略如何促进当地贫困人口的可行能力建设就是一个值得深入研究的关键问题。要思考如何识别当地的贫困对象，找准致贫原因，以促进贫困主体可行能力为着眼点制定针对性帮扶措施，实现稳定脱贫。基于此，本书的思路如下：首先，通过描述颍上县朱岗村的贫困现状及其致贫原因，分析致贫风险及其危害；其次，在此基础上，以新发展主义为理念，梳理当地现有的精准扶贫政策及措施，探讨朱岗村扶贫的特色及其经验；最后，揭示朱岗村扶贫存在的问题，探讨和总结新发展主义与国家精准扶贫战略在农村扶贫实践的契合点。

三　研究方法与资料来源

本书运用量化和个案研究方法，以社区研究和个案研究为主，结合问卷调查，收集实地资料，分析问题并提出相应的政策建议。

（一）研究方法

1. 社区研究法

社区研究法属于个案研究，正如费孝通的"解剖麻雀"的方式，是对村庄精准扶贫进行剖析与研究。作为社会的"实质的基础"，社区是个功能相系的整体，因而社区研究是一种综合的实地研究方式。[①] 所谓综合性研究，指通过"典型的、深入的、直接观察"，并运用"定性在前、定量为后"的调查方法。费孝通对农村社区的研究是以社会整体论为基础的，因此要从整体上对农村

---

① 丁元竹：《农村社区研究：由简单到复杂的社会结构探索（上）》，《农村经济与社会》1992年第3期。

社区进行综合考察。如果从社会整体论的视角看待贫困的话，农村贫困是由发展滞后造成的，"经济不发达，长期停滞在很低的水平上面，这是有点象身体虚弱，发育不正常，那是要调养不是抢救。"[①]农村脱贫的路径在于通过发展乡村工业，提高生产力，提升农民生活水平和增加农民收入。这些思想凝结在费孝通的《江村经济》和《禄村农田》中。以社区研究法分析农村精准扶贫的优势在于，一个处于当代社会场景中"小地方"的发展是嵌入在"大社会"的发展之中的，[②]透过一个农村社区的扶贫现状与历史，能够看出在精准扶贫背景下我国中部农村地区现代国家权力不断向农村渗透的过程，以此管窥整个国家的转型与发展。

2. 个案拓展法

在通过典型性个案研究实现"小地方"承接"大社会"的过程中，个案拓展法的引入使这种努力更加可行。所谓个案拓展法，就是一种通过参与观察，将日常生活置于其他地方和历史情境中加以考察的研究方法。它是通过四步层层递进拓展的。个案拓展法能够很好地落实反思性科学的基本原则，使干预、过程、结构化和理论重构成为可能。[③]采用个案拓展法，即通过对从县、镇、村的步步深入，考察朱岗村精准扶贫现状，优点在于走出朱岗村个

① 费孝通：《关于贫困地区的概念、原因及开发途径》，《农业现代化研究》1986 年第 6 期。
② 钟涨宝、狄金华：《中国的农村社区研究传统：意义、困境与突破》，《社会学评论》2013 年第 2 期。
③ 麦克·布洛维：《公共社会学》，沈原等译，社会科学文献出版社，2007。

案范围，在精准扶贫的宏观背景下阐释扶贫对象和扶贫主体如何相互建构他们的关系，进而反观我国农村贫困治理的政策实践。

（二）资料来源

本书的资料来源于对皖北颍上县八里河镇朱岗村的实地调研。课题组多次赴实地调查，通过走访贫困户，参与观察村庄的扶贫概况，与村民、村干部座谈，收集有关村庄扶贫的整体资料；同时在村庄选择30户贫困户和30户非贫困户，进行问卷调查，收集有关课题的结构性资料。同时与县委、县政府、扶贫办、农委、卫计委、教育局、旅游局等职能部门和八里河镇镇政府及扶贫办进行座谈，了解县、乡镇一级的总体情况。

（三）调查地点的选择

朱岗村系原朱岗村、曹沟村和万桥村三村合并的行政村，位于皖北地区地少人密的颍河边上，经济社会发展相对周边地区较为落后，贫困问题突出，扶贫任务繁重。黄淮地区不仅是政府扶贫工作重点地区，也是学界了解基层贫困状况、总结扶贫模式和经验的重要考察地域。颍上县扶贫实践具有较强的典型性。颍上县位处皖北黄淮平原，资源禀赋及经济社会发展水平与广大的周边县市相差不大，在贫困率、致贫因素等方面具有较高相似性，选取颍上县作为调研对象具有较强的样本代表性。

第二节　朱岗村精准扶贫与脱贫攻坚实践

　　贫困的产生既源于社会保障制度的不完善、不充分，也是与特定阶段经济发展方式密切相关的。贫困是社会问题，也是经济问题，对贫困及扶贫问题的考察需要包含社会建设与社会治理、经济发展方式转变、落实"内生的、综合的、整体的"新发展主义视角。

一　颍上县的经济社会概况

1. 区位与生态

　　颍上县位于安徽省西北部淮河与颍河的交汇处、黄淮大平原的最南部。地域面积 1859 平方公里，耕地 10.7 万公顷，人口 180 万，辖 30 个乡镇 348 个村（居）委会。颍上历史悠久、人文蔚盛，至今已有 1400 余年历史，是管仲、鲍叔牙的故乡。颍上县城被认定为全市（阜阳）唯一千年古县城。

　　颍上县是农业大县，也是皖北地区重要的粮食生产基地之一，盛产小麦、水稻、玉米、红薯、水产等农产品，粮食产量连续多年突破 100 万吨。水资源丰富，内河航运潜力巨大。矿产资源丰富，已探明铁矿储量上亿吨，煤炭储藏量达 100 多亿吨，拥有谢桥、刘庄煤矿两座年产 1000 万吨的特大型煤矿。

　　颍上近年来经济发展较快，经济水平在阜阳市所辖各县市中处于第一方阵。2016 年，颍上县 GDP 达 225 亿元，城镇居民人均可支配收入为 25022 元，农村居民人均可支配收入为 7982 元。颍上是全国生态示范区、平原旅游县、煤电能源城，近年来相继荣获全国科普示范县、全国生态休闲农业示范县、国家园林县城、全国国土资源集约节约模范县（2016 年）、全国电子商务进农村综合示范县（2016 年）、2016 全国县域经济投资潜力百强县、全省旅游强县、省级森林城市、安徽省文明县城等荣誉称号。

2. 颍上县贫困概况

颍上县地处淮河北岸，地势低洼，水灾水患较为频繁，历史上多次作为蓄洪区，农业生产和人民生活遭受到很大损失。稠密的人口加上频繁的灾荒制约了颍上的区域经济发展，发展滞后是颍上县贫困问题的宏观原因。颍上县早在 1986 年就被国家确定为国家级贫困县，2002 年被确定为国家扶贫开发工作重点县，2011 年被确定为国家扶贫开发工作重点县和大别山连片特困地区片区县。历史上长期的发展滞后导致颍上县脱贫任务比较重。

3. 颍上县精准扶贫状况

从 2014 年开始，中共颍上县委、县人民政府按照"抓重点、促全面、保脱贫"的基本思路，大力弘扬"敢想敢干敢担当"的颍上精神，集全民之智，举全县之力，开展精准扶贫。截至 2018 年底，颍上县取得了贫困县摘帽的成果，贫困发生率从 2014 年的 10.39% 下降到 1.23%。

2016 年，颍上县 35 个贫困村出列、12379 户 32294 名贫困人口脱贫；2017 年 30 个贫困村出列，16269 户 40212 名贫困人口脱贫。

颍上县在精准扶贫、脱贫攻坚中，首先确立了精准的贫困识别和退出机制。2014 年推进精准扶贫战略时，对于贫困户的识别，以农民人均纯收入为基本指标，结合居民的家庭住房、子女教育支出、健康状况等，精准识别建档立卡贫困户。颍上县按照"户申请、组评议、村审查、镇审核、县审定"程序，完成精准识别的任务。确保建档立卡贫困户没有遗漏，最终确定颍上县共有贫困人口 4.9 万户 10.79 万人。颍上县每年都进行建档立卡"回头看"和精准核查，逐户进行家庭信息比对、采集、上报、纠错，累计新识别贫困人口 8064 户 21135 人，坚决杜绝"两该两不该"① 现象。朱岗村的贫困户退出，也建立了相应的程序。严格按照村民小组评议、村委会或驻村工作队入户核实、村民代表大会评议、村脱贫名单公示、村向乡镇上报确认报告、乡镇进行脱贫公示、乡镇向县级出具乡镇脱贫户审定公告、乡镇汇总后上报县备案、乡镇在系统内进行脱贫标注 9 个步骤完成贫困户退出程序。

其次，推行驻村扶贫工作队制度。颍上县总体上有 4 支队伍。2017 年选派行政村的帮扶工作队，颍上县委派出 43 名副处级干部担任第一书记（扶贫工作队长）、47 名科级干

---

① 安徽省脱贫攻坚"两该两不该"即是否存在"该进未进"（漏登）、"该出未出"（漏退），"不该进的进"（错登）、"不该出的出"（错退）等四种情形。

部任副队长、扶贫专干。

再次，推进脱贫攻坚十大工程。一是基础设施建设扶贫工程。从路网、水网、电网、互联网几方面，提升贫困村的基础设施水平。如县道畅通工程、乡道畅通工程、建档立卡贫困村内较大自然村道路硬化工程、30个贫困村断头路建设工程（43公里）、贫困村贫困户饮水工程改造项目。二是产业扶贫工程。首先是特色种养业扶贫。扶贫到户，无论是特色种植还是养殖，每户最多支付扶贫资金5000元，无须偿还，扶持贫困农业发展特色种养业。其次与河南牧原集团合作，将小额信贷与养殖业结合扶贫，带动全县1万户贫困户实现脱贫，每户每年分红3600元，即新型农业经营主体带动贫困户脱贫。"一村一品"产业建设，县财政支持每个贫困村建设资金100万元，用于"一村一品"产业示范基地的基础设施、新技术物化补贴和农产品"三品一标"品牌创建。然后是光伏发电。再次就是电商扶贫，目前78个贫困村全覆盖。最后是旅游扶贫。三是就业扶贫工程。2017年实现就业脱贫建档立卡贫困人员累计1805人，全部录入人事部门，帮扶有就业意愿和就业能力的贫困人口5300人。四是易地扶贫搬迁工程。五是生态保护扶贫工程。六是智力扶贫工程，包括教育扶贫和科技扶贫工程。七是社会保障兜底扶贫工程。八是危房改造工程。九是健康扶贫工程。十是金融扶贫工程。

最后，构建脱贫攻坚战的支点。首先，科学谋划布局，建立指挥体系。颍上县成立以县委书记为指挥长的贫困县退出指挥部，下设"一办九组"，涵盖所有核心职能部门，进行统一协调指挥。各乡镇均成立脱贫攻坚指挥部，建立扶贫工作站，落实工作责任。其次，完善政策体系。构建"1+5+23+N"精准扶贫政策体系，形成了较为完善的机制架构，全面推进脱贫攻坚工作。实施动态管理，提升精准识别质量和精准退出质量。颍上县出台《脱贫攻坚档案业务指南》，编制县—乡—村—户四级档案目录，每村配备1名扶贫专干，加强数据清理和档案资料整理，确保家庭实际情况与扶贫手册、村档案、省办和国办扶贫信息系统相统一。再次，强化"双基建设"。强力推进基础设施建设，加快推进"六网进村"，目前除气网外均实现入户进村。强力优化基层基本公共服务。九年义务教育巩固率、基本养老保险参保率等8大类18项指标全部达标；实施人居环境整村推进工程，全面推进"三大革命"（农村厕所、垃圾、污水治理）。最后，切实筑牢返贫防线，注重激发内生动力。颍上县坚持扶志与扶智两手抓，强化"控辍保学"力度，阻断贫困代际传递。继续办好扶贫夜校与就业培训，深入推进"六净三规范"，提高贫困人口自我发展能力。补强发展薄弱短板。持续推进沿淮行蓄洪区脱贫攻坚，做好居民迁建工作，坚决啃下深度贫困"硬骨头"。提升"双基"建设标准，补强城乡环境、产业扶贫、文明乡风、基础设施等短板，全面打通农村基础设施和公共服务最后一步。强化兜底保障能力，严格落实教育、医疗、低保等保障性政策，筑牢政策、保险、捐赠、救助四道保障防线，提高保障标准，扩大覆盖范围，巩固脱贫成果。[①]

总之，颍上县在推进精准扶贫战略中，建立了贫困识别机制和驻村扶贫工作队制度，推进脱贫攻坚十大工程，完善脱贫攻坚战的支点和要素，实现了精准脱贫与经济社会的综合发展，注重激发贫困主体的内生动力，实现扶贫与扶智的有机结合。而且以稳定脱贫为抓手，坚持工作力度不减、资金投入不减、政策支持不减、帮扶力度不减，确保持续发展的稳定性。

二　皖北农村地区的贫困状况——以颍上县朱岗村为例

（一）朱岗村概况

朱岗村位于颍上县城东南 9 公里，位于八里河镇东北部。东邻八里河万台村，南邻八里河十八里铺社区，西邻慎城镇三八社区，北靠沙河坝。朱岗村辖 15 个自然村落 21 个村民组，东大道横穿全村，东西有颍万路，交通极其便利；是由原曹沟、朱岗、万桥三村合并而成。朱岗村村民以外出务工、经商为主。朱岗村制定了村级发展规划、脱贫攻坚"四项清单"、脱贫攻坚作战图及到户详细清单。驻村工作队共 7 人，村配备扶贫专干 1 名。保证每个贫困户都有 1 名帮扶联系人，共有镇村干部、教师及医生 55 人帮扶 131 户贫困户。

① 《阜阳颍上县 2019 年拟将再完成 1.4 万名贫困群众脱贫》，人民网—安徽频道，2019 年 2 月 19 日。

（二）朱岗村人口及就业概况

朱岗村总人口 1300 户，建档立卡贫困人口 131 户 313 人；常住人口 5877 人，劳动力 2938 人，外出务工半年以上人口数 2562 人，其中到省外务工人数 1878 人，占劳动力人口数 63.9%；举家外出人数 2163 人。外出务工人员主要流向上海、北京、深圳、广州、杭州、苏州、宁波、温州、义乌等地，主要从事服务、建筑、制造业。

表 1-1　朱岗村人口及就业状况一览

单位：户，人

总户数	1300	常住人口数	5877
建档立卡贫困户数	131	劳动力数	2938
实际贫困户数	131	外出半年以上劳动力数	2562
低保户数	45	举家外出户数	721
五保户数	42	举家外出人口数	2163
少数民族户数	0	外出半年以内劳动力数	381
外来人口户数	56	外出到省外劳动力数	1878
总人口数	5877	外出到省内县外劳动力数	782
建档立卡贫困人口数	313	外出人员从事主要行业：服务、建筑、制造	
实际贫困人口数	313	外出务工人员中途返乡人数	372
低保人口数	99	定期回家务农的外出劳动力数	1892
五保人口数	42	初中毕业未升学的新成长劳动力数	1571
少数民族人口数	0	高中毕业未升学的新成长劳动力数	665
外来人口数	168	参加"雨露计划"人数	10
文盲、半文盲人口数	1862	参加雨露计划"两后生"培训人数	6

资料来源：精准扶贫精准脱贫百村调研朱岗村调研，2017 年 2 月。

注：本书统计表格，除特殊标注外，均来自朱岗村调研。

（三）村庄基础设施

朱岗村有卫生室 1 座、特种养殖场 1 座、集体光伏电站 1 座、码头 3 处。占地面积 4.1 平方公里，耕地面积 3850 亩，基本农田 3620 亩，林地面积 1300 亩。朱岗村原先道路建设滞后，由于地处颍河转弯处最背的地方，主要是泥土路，之后村水泥路才修通。2014 年打通村路与八里河镇之后，道路基础设施比较完善。

（四）调研数据分析

1. 贫困户现状及消费

朱岗村 2014 年全村脱贫 18 户 77 人，2015 年脱贫 37 户 123 人，2016 年脱贫 59 户 213 人，2017 年至 2019 年脱贫 84 户 225 人。

表1-2　朱岗村建档立卡贫困户状况

单位：户，人

项目	2014 年	2015 年	2016 年
贫困户数	186	168	131
贫困人口数	513	436	313
因病致贫人口数	224	187	124
因学致贫人口数	25	21	10
因缺劳力致贫人口数	62	48	96
脱贫户数	18	37	59
脱贫人口数	77	123	213
发展生产脱贫人口数	0	0	122
转移就业脱贫人口数	77	123	153
易地搬迁脱贫人口数	0	0	24
生态补偿脱贫人口数	0	0	0
社保兜底脱贫人口数	0	0	4

从贫困户 2016 年的家庭生活消费总支出来看，总支出在 12000 元及以下的占 71.4%。其中 3600 元及以下 7 户，占比 25%；3601~6000 元 4 户，占比 14.3%；6001~12000 元 9 户，占比 32.1%。相比贫困户，非贫困户 86.2% 的家庭生活年消费在 12000 元以上，其中 24001 元及以上的有 16 户，占比 55.2%。

表 1-3　2016 年朱岗村家庭生活消费总支出

单位：户，%

		贫困户				非贫困户			
	总支出	频率	百分比	有效百分比	累积百分比	频率	百分比	有效百分比	累积百分比
有效	3600 元及以下	7	23.3	25	25	1	3.3	3.4	3.4
	3601~6000 元	4	13.3	14.3	39.3	1	3.3	3.4	6.9
	6001~12000 元	9	30	32.1	71.4	2	6.7	6.9	13.8
	12001~24000 元	5	16.7	17.9	89.3	9	30	31	44.8
	24001 元及以上	3	10	10.7	100	16	53.3	55.2	100.0
	合计	28	93.3	100.0		29	96.7	100.0	
缺失	系统	2	6.7			1	3.3		
合计		30	100.0			30	100.0		

2. 贫困户健康状况和劳动能力

对朱岗村 30 户贫困户的问卷统计发现，朱岗村贫困户户主多为单身汉、老年人、患大病者。就受访户主健康状况而言，患长期慢性病 11 人，占 36.7%；患大病 5 人，占 16.7%；残疾 7 人，占 23.3%；健康 7 人，占 23.3%（见表 1-4）。

表1-4　贫困户户主健康状况

单位：人，%

类型	频率	百分比	有效百分比	累积百分比
残疾	7	23.3	23.3	23.3
患大病	5	16.7	16.7	40.0
患长期慢性病	11	36.7	36.7	76.7
健康	7	23.3	23.3	100.0
合计	30	100.0	100.0	

贫困人口劳动能力明显不足，劳动参与机会受限。受访户户主无劳动能力但有自理能力13人，占比43.3%；无自理能力3人，占10.0%；部分丧失劳动能力5人，占比16.7%；普通全劳动力9人，占比30.0%（见表1-5）。

表1-5　贫困户户主劳动能力

单位：人，%

项目	劳动能力	频率	百分比	有效百分比	累积百分比
有效	无自理能力	3	10.0	10.0	10.0
	无劳动能力但有自理能力	13	43.3	43.3	53.3
	部分丧失劳动能力	5	16.7	16.7	70.0
	普通全劳动力	9	30.0	30.0	100.0
	合计	30	100.0	100.0	

3. 贫困户居住状况

朱岗村贫困户住房比较简陋，房屋狭小，无沐浴设施和取暖设备。30户受访贫困户中，自有住房贫困户有21户，占比70%；租住他人房屋1户，占比3.3%；借用8户，占比26.7%。从住房建筑材料看，竹草土坯3户，占比10%；砖瓦砖木13户，占比43.3%；砖混材料6户，占比20%；

钢筋混凝土 6 户，占比 20%。从建房时间看，30 年以前的
有 10 户，占比 33.3%；20~30 年 4 户，占比 13.3%。从住
房面积看，中位数为 61 ㎡，均值为 84 ㎡，最小值为 15 ㎡。
从房屋取暖设施看，无任何取暖设施的 23 户，占比 76.7%；
无沐浴设施 21 户，占比 70%。从入户道路看，以泥土路为
主。泥土路 16 户，占比 53.3%；砂石路 4 户，占比 13.3%；
水泥路或柏油路 10 户，占比 33.3%。整体上，贫困户对其
住房满意程度较高（见表 1-6）。

表 1-6　贫困户对住房满意程度

单位：户，人

满意程度	频率	百分比	有效百分比	累积百分比
非常满意	5	16.7	16.7	16.7
比较满意	10	33.3	33.3	50.0
一般	10	33.3	33.3	83.3
不太满意	3	10.0	10.0	93.3
很不满意	2	6.7	6.7	100.0
合计	30	100.0	100.0	

三　朱岗村精准扶贫模式与成效

（一）精准扶贫主要模式

1. 注重精准扶贫的造血功能

朱岗村积极宣传落实国家扶贫战略，实现扶贫由输血向
造血模式的转变。将贫困群众发动起来，增强其脱贫信念。
提升参与意识，以提升对扶贫发展的认识，谋求全新发展。

对识别出的 131 户贫困户,确保每户有 1 名帮扶联系人,建立帮扶队伍,有镇村干部、教师及医生 55 人。结合贫困户的致贫原因,以户为单位,强化政策宣传引导,积极采取光伏扶贫、医疗救助扶贫、小额信贷、劳务技能培训、金融扶贫、健康扶贫、低保兜底等帮扶措施,扎实推进"六个一"特色种养业扶贫工程,打好"1+16"扶贫攻坚组合牌,为每个贫困户选择 1 个脱贫产业,实现"一村一品""一户一业"。做实"种养加"。大力推进"四带一自"产业扶贫、"三有一网"点位扶贫模式,努力实现可持续脱贫。

2. 强化基础设施建设,助力扶贫攻坚

朱岗村修建村内水泥路,建设小型水利水电工程,修建电灌站,实施户户通自来水工程,并打机井,实施基本农田建设及改造,修建村内路灯配套设施。整合农业、林业、交通、水利、教育、卫生以及文广等部门的涉农资金,集中投入实施水、电、路、宽带、环境改善等工程,扎实推进农村地区的物流发展。现朱岗村已基本实现"农村淘宝""京东电商"全覆盖。

3. 将扶贫脱贫与协调发展相统一,制定扶贫攻坚作战图与村庄发展规划

朱岗村制定了村级发展规划、脱贫攻坚"四项清单"、脱贫攻坚作战图及到户详细清单。村委会组织整合人力、财力、物力,凝聚社会各方力量,不断创新扶贫方式,充分利用扶贫资金,精心组织实施产业扶贫项目,打好扶贫攻坚战,率先完成决胜全面小康的目标任务。将扶贫脱贫与发展生态旅游相结合,朱岗村利用金融扶贫政策,帮助

10户贫困户39人入股八里河旅游开发有限公司，另外12户贫困户50人入股颍上县利民农机专业合作社，贫困户每年可分红3000元，实现了扶贫帮扶与生态协调发展的契合。

4.重视产业发展，夯实扶贫攻坚基础

通过实施种养殖的产业扶贫工程，利用已撤并的原曹台小学校舍建设种兔和肉兔养殖基地，发展村集体经济，基地占地15亩，养殖规模5000只。目前圈舍及场地计划投资60万元，购置种兔2000只，计划投入40万元。集体经济年收入30万元，带动周边300户贫困户发展养兔脱贫致富。发展光伏发电，带动贫困户就业。村内建成60kW光伏地面电站1座。发展农业合作社，吸纳贫困户入社，实现脱贫致富。2014年9月，朱岗村建成八里河黄金梨种植基地，刚成立时12户入社，现在发展到22户，总资产300万元，销售总额500万元，分红额30万元。实施"六个一"工程（1亩园、1头牛、10只羊、100只禽、1个家庭农场、1个产业基地）。产业扶贫包括以下几

图1-1 朱岗村黄金梨种植基地

（课题组拍摄，2017年7月）

注：本书照片，除特殊标注外，均为课题组拍摄。

图1-2　朱岗村莲藕种植基地

种：种植业，经济作物和乔木，特种养殖业，养家禽和水产（养虾、养鱼），农产品加工及光伏发电。

5.积极实施健康扶贫工程

首先朱岗村实施医疗保障制度。据统计，朱岗村参加新型合作医疗1300户5683人，人均缴费150元。参加养老保险1011户4123人。这些制度有效应对因病致贫、老龄化贫困问题。积极推进3510健康扶贫工程和180健康扶贫工程。3510健康扶贫工程是在全省范围内推行一项健康扶贫措施，即在县级医院、市级医院及省级医院就医看病的贫困人口，最高支付医药费为3000元、5000元和10000元，通过电脑联网系统，给予贫困户结算减免，而且是年度累加。对于慢性病患者，确认以后发放健康就医卡，纳入180健康扶贫工程（2017年开始实施），即报销1次后，结算的时候再给建档立卡贫困户慢性病患者报销80%，去定点医院买药，自动按照优惠价格结算。其次，通过农村合作医疗，完善健康扶贫的政策体系。2018 年开始，100% 报销，建立"110 结算系统"。

（二）精准扶贫成效

1. 扶贫组织架构比较完整

朱岗村按照国务院扶贫办、省市县的要求，组建高规格的扶贫工作组织领导和实施架构。在县、乡镇选配专职扶贫副书记，选派干部担任重点贫困村第一书记，选聘大学生村官和脱贫攻坚帮扶人员。2017 年，颍上县开始选派贫困行政村的帮扶工作队，县委派出 43 名副处级干部担任第一书记（扶贫工作队长），47 名科级干部任副队长、扶贫专干。朱岗村帮扶工作队有 7 人是来自中铁四局、省水利厅、县扶贫办、八里河镇的扶贫驻村干部。朱岗村构造了一支扶贫政策的"宣传员"队伍。脱贫包保责任人，个个担当"宣传员"，讲政策，授知识，增强脱贫致富决心。打造一支包保群众的"服务员"队伍。全村 42 名村镇干部及教师全部帮扶到户，"不脱贫、不脱钩"，科学谋划，精心组织，精准施策，狠抓落实。根据贫困户的不同情况和差异化诉求，精准施策，引导群众多渠道、多元化脱贫致富。打造一支攻坚克难的"战斗员"队伍。驻村扶贫工作队人人"令行禁止"，做到"摸清底子，算清款子、做好卷子、改变样子，摘掉帽子"，着力形成自上而下、自下而上的脱贫攻坚长效机制。打造一支脱贫致富的"领航员"队伍。村两委成员及镇包村干部和驻村工作人员在扶贫攻坚工作中起到了很大的作用。

2. 做到了"扶真贫，真扶贫"

在精准识别、精准帮扶、精准管理和精准考核方面，建立全面的、系统的扶贫脱贫评估体系。在贫困户识别中，符合条件的贫困户先申请，再由村委会或驻村工作队入户调查、村民小组评议，根据县级数据比对、村民代表大会评议结果，村两委或驻村工作队再次入户核查，村级公示，向乡镇报告新增名单，乡镇第二次公示，乡镇出具复审报告，向县级部门打报告并进行县公告，最后采集新增贫困户信息录入系统。朱岗村村委会对贫困户、贫困村进行精准识别，深入了解贫困户、贫困村的贫困状况，全面分析致贫原因，摸清帮扶需求，确定帮扶措施，实施动态管理，确保扶贫攻坚电子信息系统数据准确无误；不断完善扶贫与脱贫评估体系，按照"村为单位、规模控制、分级负责、精准识别、动态管理"扎实做好扶贫建档立卡工作，确保贫困群众识别精准、底数实在。2014年脱贫18户77人，2015年脱贫37户123人，2016年脱贫59户213人。

3. 增强了贫困家庭的脱贫能力

通过产业扶贫、健康扶贫、生态扶贫、金融扶贫，按照"两不愁三保障"的原则，通过就业帮扶、带资入股分红等多种方式累计带动110余户贫困户增产增收，实现脱贫致富。带动40户贫困户122人，发展特色种养业，奖补资金16.03万元，实现脱贫致富。力争脱贫奔小康不落一户。被调研家庭纯收入比较可观（见表1-7）。

表 1-7　2016 年家庭纯收入

单位：户，%

项目	家庭纯收入	频率	百分比	有效百分比	累积百分比
有效	3600 元及以下	9	15	18.0	18.0
	3601~4800 元	5	8.3	10.0	28.0
	4801~6000 元	4	6.7	8.0	36.0
	6001~12000 元	6	10	12.0	48.0
	12001~24000 元	8	13.3	16.0	64.0
	24001~36000 元	5	8.3	10.0	74.0
	36001~60000 元	4	6.7	8.0	82.0
	60001 元以上	9	15	18.0	100.0
	合计	50	83.3	100.0	
缺失	系统	10	16.7		
合计		60	100.0		

4. 基础设施得到改善，为贫困居民的生产和生活提供了便利

在实施县道畅通工程、乡道畅通工程的背景下，朱岗村近两年推进建档立卡贫困村的道路硬化工程。2015 年，朱岗村获得财政专项资金 200 万元，修建水泥路 5 公里；财政投入 180 万元，新建村内道路 3 公里。2016 年财政投入资金 195 万元，修建水泥路 4.8 公里。完善农村通信网络建设。2016 年财政投入 20 万元，电信部门投入 10 万元，实施宽带入户工程，23 户贫困户受益。贫困村贫困户饮水工程改造项目于 2017 年 9 月 30 日之前全部竣工。朱岗村实施自来水户户通工程，方便村民用水。农田水利条件改善，增强农户抗御自然灾害风险的能力，为稳定脱贫和可持续发展奠定了基础。

5. 贫困户在精准扶贫精准脱贫实践中的获得感较高

朱岗村从内生的、综合的和整体的发展角度，将精准扶贫战略落到实处，从村庄物质生活改善、基础设施完善，到其他生态环境改善、产业扶贫，都使整个村庄居民真正得到了实惠。国务院扶贫办、省扶贫办给资金，扶贫干部帮助贫困居民"造血"，让他们参与起来，在这个过程中，贫困居民被动员起来。

在问卷调查中，贫困户对本村贫困户的认定评价较高。在30户贫困户中，6户认为"非常合理"，占比20.0%；13户认为"比较合理"，占比43.3%；3户认为"一般"，占比10%；3户认为"不合理"，占比10%；还有5户"说不清"，占比16.7%。在对"本村到目前为止扶贫效果如何"调查时，1户表示"非常好"，占比3.3%；17户表示"比较好"，占比56.7%；5户表示"一般"，占比16.7%；2户表示"不太好"，占比6.7%；5户表示"说不清"，占比16.7%。针对"为本村安排的扶贫项目是否合理"，4户表示"非常合理"，占比13.3%；11户表示"比较合理"，占比36.7%；8户认为"一般"，占比26.7%；2户认为"不合理"，占比6.7%；还有5户"说不清"，占比16.7%。在"为本户安排的扶贫措施是否合理"，8户表示"非常合理"，占比26.7%；12户表示"比较合理"，占比40.0%；3户认为"一般"，占比10.0%；1户认为"不太合适"，占比3.3%；1户认为"很不合适"，占比3.3%；还有5户"说不清"，占比16.7%。

整体而言，朱岗村贫困家庭在精准扶贫精准脱贫实践中的获得感相对较高。在"与5年前比你家的生活变得怎么样"调查中，24户表示"好很多"，占受访农户40%；25户表示"好一些"，占比41.7%；7户表示"差不多"，占比11.7%；2户表示"差一些"，占比3.3%；2户表示"差很多"，占比3.3%（见表1-8）。而且很多受访户表示5年后生活会变得更好。随着精准扶贫战略的落地，村民对生活状况的满意度也在提高。调查资料显示，12户表示"非常满意"，占比20.0%；31户表示"比较满意"，占比51.7%；13户表示"一般"，占比21.7%（见表1-9）。

表1-8　与5年前比你家的生活变得怎么样

单位：户，%

变化类型	频率	百分比	有效百分比	累积百分比
好很多	24	40.0	40.0	40.0
好一些	25	41.7	41.7	81.7
差不多	7	11.7	11.7	93.3
差一些	2	3.3	3.3	96.7
差很多	2	3.3	3.3	100.0
合计	60	100.0	100.0	

表1-9　总体来看对现在生活状况满意程度

单位：户，%

满意程度	频率	百分比	有效百分比	累积百分比
非常满意	12	20.0	20.0	20.0
比较满意	31	51.7	51.7	71.7
一般	13	21.7	21.7	93.3
不太满意	3	5.0	5.0	98.3
很不满意	1	1.7	1.7	100.0
合计	60	100.0	100.0	

四 反思朱岗村精准扶贫现状

虽然颍上县在精准扶贫精准脱贫方面，具有鲜明的模式，并且取得了突出成效，但是也存在一些问题。如产业发展的基础薄弱，村民在扶贫中参与的积极性有待提高，整个扶贫以政府为主导、缺少社会力量，精准扶贫中注重经济发展、忽略社会建设，扶贫模式需要创新，需要整合经济建设、社会发展、生态文明、基层民主等方面资源。

（一）精准扶贫以政府为主导，主要为政策性扶贫

在朱岗村扶贫实践中，无论是政府财政资金扶持，还是引进利用社会力量，政府都是居于主导地位的。政府主导型扶贫的优点在于借助强大的行政权力可以迅速调集各方面机构和资源，在短时间内即可产生扶贫减贫效果，扶贫效率较高。其劣势在于政策的波动性较大，如果没有形成有效、可持续的扶贫机制，没有激发社会力量的广泛参与，没有培养贫困主体主动脱贫的内在动力，随着政策效力的减弱，在一定时期内取得的脱贫成就可能会逐渐失去，暂时脱离贫困的群体可能再次陷入贫困。

（二）进一步提高扶贫的精准性，优化政策设计，提高技术可操作性

朱岗村在贫困户识别方面制定了"五个优先、七个不准"的工作办法和"户申请、组评议、村审查、镇审核、县审定、两公示一公告"的工作程序，在政策设计上尽量

避免建档立卡贫困户的遗漏。但在具体的政策落实和基层操作层面，如何确保政策不走样，确保"真扶贫、扶真贫"，还缺乏更详细全面的方案细则。为此，还应进一步建立扶贫政策落实的监督机制、问责机制，以及群众意见反馈机制。

（三）支撑减贫的产业基础薄弱

从个体层面看，不同的贫困个体各有各的致贫因素，但从整个村庄发展视角看，经济发展的相对滞后是贫困发生的宏观背景。要从根本上降低贫困发生率，在政府层面要进一步加快朱岗村的经济发展，逐步提高居民收入水平。在产业选择上，要根据本地的区位、资源禀赋特点，发展有比较优势、带动性强的产业。如根据朱岗村的区位和生态资源优势，可以重点培育发展乡村旅游业、农产品加工制造业等，提高本地贫困人口的劳动参与率，在推动地方经济发展的同时，为更多人口提供就业机会。

（四）社会发展与经济发展落差较大

社会发展滞后于经济发展也是朱岗村贫困问题的主要体制性原因。在经济发展的同时，加快社会发展，补齐社会发展短板，应是政府部门在推动朱岗村减贫脱贫工作中的主要着力点。从朱岗村的扶贫实践看，主要措施还是集中在对贫困人口的救济扶助方面（输血方面），在防止贫困产生的体制性建设上施力还不够充分。要按照新发展主义的理念，在推动经济产业发展与政策性精准扶贫两个层次之间，大力推动教育扶贫、健康扶贫、生计能力等方面的制度建设，在经济、社会、政策三个方面构建更为全面、立体的防贫、减贫、脱贫体系。要把扶贫与转变经济发展方式、践行新发展理念结合起来，在推动创新、协调、绿色、开放、共享式发展的进程中实现贫困人口脱贫。

（五）转变扶贫观念，创新扶贫模式

要在政府、产业（企业）、社会组织等外部力量扶贫减贫的同时，激发朱岗村贫困农民的内在脱贫动力和脱贫能力，加强贫困人群技能培训，把外部扶贫的辅助性力量与贫困人群自身努力的主体性力量结合起来，化输血为造血。借鉴、推广先进的扶贫经验，创新扶贫模式。因此，朱岗村的精准扶贫应该重视健康扶贫和教育扶贫，为贫困地区输入较高质量的劳动力，增加贫困人口就业技能，促进其劳动参与。同时，发展农村卫生事业，改善贫困地区农民的生产与生活条件，提升其健康可行能力，为其脱贫致富营造良好的健康基础。

第三节　理论指向与研究框架

经过改革开放和经济社会的快速发展，我国农村扶贫

取得了举世瞩目的成就。我国农村扶贫大致经历了三个阶段：从 1978 年到 1985 年，以体制改革推动扶贫发展的阶段；从 1986 年至 2000 年，称为农村开发式扶贫阶段；2000 年以后，进入开发式扶贫和保护式扶贫共同起作用的阶段。①

一 贫困的类型

1. 绝对贫困与相对贫困

从贫困的内涵看，改革开放之前我国农村地区呈绝对贫困状态。绝对贫困是以生存观念为基础，家庭全部收入不足以获取维持身体机能所需的最低生活必需品。这也是一种收入贫困。收入贫困是指人们用于日常生活的物质匮乏。针对这种绝对贫困，学界主张以输血式社会救济扶贫。这种扶贫主要以提供食品、衣物或现金等方式救助，是帮助贫困人口最直接的方法。毫无疑问，在遭遇到重大的自然灾难或人为因素造成贫困时，及时的直接救援工作是必须而且有效的。但对于一般性扶贫工作以及灾后的重建，短期的甚至长期的物质救援并不能从根本上解决贫穷问题。有可能让穷人养成福利依赖思想，导致贫困人口形成逆来顺受的心理，让他们缺乏独立思想、生产能力较差、发展动机不足，从而有可能造成"越扶越穷"的状况。随着经济社会的发展，绝对贫困问题得到缓解，而

---

① 李小云：《我国农村扶贫战略实施的治理问题》，《贵州社会科学》2013 年第 7 期。

相对贫困问题日益突出。相对贫困是在能力贫困的基础上提出来的，能力贫困是指人们获取生活资料的能力不足。阿玛蒂亚·森认为，贫困的实质是人们创造收入和机会的贫困，是人们缺乏维持正常生活和参与社会活动的可行能力，即贫困应该被视为对人们可行能力的剥夺。[①]能力贫困导致贫困人口被排斥在发展项目之外，也就是权利贫困的问题。权利贫困是指社会成员应享受的政治和文化权利得不到有效保障。1990年，联合国开发计划署（UNDP）将人们生活中最基本的发展能力的丧失（包括文盲、营养不良、预期寿命不足等）界定为人文贫困。收入贫困是贫困的表现形式，能力贫困是贫困的直接原因，权利贫困是贫困的社会后果和本质。贫困是收入贫困、能力贫困、权利贫困的交织、互补和互动，而不是替代和对立。

2. 在发展中减贫

进入20世纪90年代，我国大力推进扶贫开发，特别是随着《国家八七扶贫攻坚计划（1994-2000年）》和《中国农村扶贫开发纲要（2001-2010年）》的实施，扶贫事业取得了巨大成就。大规模减贫的主要推动力量是经济增长，特别是农业和农村经济的持续发展和增长，而农业和农村经济的发展和增长又是在一系列的改革开放措施、持续的人力和物质资本积累和不断的技术进步下取得的。有针对性的开发式扶贫投资对反贫困也起到

① 阿玛蒂亚·森:《以自由看待发展》，任赜等译，中国人民大学出版社，2013。

了补充作用。但是近年来农村反贫困最大的挑战是不平等程度的不断上升导致经济增长的减贫效应下降，而不精准问题也降低了扶贫投资的减贫效果。发展是针对贫困或不发达而言的，是解决贫困问题的过程。与此同时，反贫困的目标不再仅仅是解决贫困人群的基本生存问题，而是也包含发展问题。农村扶贫虽解决一些贫困人群的温饱问题，但扶贫又面临发展不均衡和收入差距拉大的挑战，因此新时期农村扶贫开发还需要实施区域均衡发展战略，缩小收入差距，以减缓和消除贫困。[1] 因此，坚持协调发展，实现农村发展和现代化是关键，而贫困地区的发展和贫困人口的脱贫是瓶颈。[2] 随着中国经济发展，越来越多的工程项目和公共政策在贫困地区实施，这些项目和政策在促进当地经济发展的同时对减贫发挥了重要的作用。但是也有一些项目和政策因为设计和实施的问题，没有发挥减贫的作用，甚至可能增加贫困人群的困难。[3]

二 发展主义语境下的农村扶贫路径

1.发展主义的内涵

目前中国农村贫困人口分布相对集中，主要分布在革

① 陆益龙:《农村的个体贫困、连片贫困与精准扶贫》,《甘肃社会科学》2016年第4期。
② 汪三贵:《协调发展要补齐扶贫短板》,《北京日报》2015年11月11日。
③ 王晓毅等:《发展中的贫困与贫困影响评价》,《国家行政学院学报》2015年第1期。

命老区、西部少数民族地区、边疆地区，呈现点（14.8万个贫困村）、片（特殊贫困片区）、线（沿边境贫困带）并存的特征。许多刚刚越过温饱线的农民经济非常脆弱，气候、市场、家庭任何一个方面的变故，都会使他们返回贫困状态。与此同时，各阶层、各群体之间以收入水平为标志的贫富差距在不断扩大。

通过剖析贫困的内涵发现，贫困不仅仅意味着生产力落后、物资匮乏，还象征着追求发展能力的缺失，它与特定的历史文化有关，包含着丰富的社会内涵和心理因素。当前，贫困人口主要集中分布在西部边远地区、高山区、少数民族聚居区等，凸显了"空间贫困陷阱"，并暴露了以"发展主义"为核心话语的"同质化"扶贫制度安排存在"内卷化"实践困境。[1]

发展主义作为社会进步理论，主张以民族国家为发展主体，以经济增长为中心，以跃进式、赶超式发展为方式，以西方模式为发展蓝图；主张落后地区反贫困的根本之道是依靠工业增长实现经济发展，即希望通过经济援助计划的实施来优化落后地区产业结构，实现经济增长，惠及贫困人口。从发展主义来看，发展就是开发，"发展主义"等同于"开发主义"，它将"发展"简单地还原为经济增长，将经济增长又简单地等同于 GDP 或人均收入的提高。"发展主义"的实质是"以物为本"。"发展主义"有

---

① 李雪萍、王蒙：《多维贫困"行动—结构"分析框架下的生计脆弱——基于武陵山区的实证调查与理论分析》，《华中师范大学学报》（人文社会科学版）2014年第5期。

三个症候：第一个症候是物本主义，片面强调经济增长，严重忽视了发展的前提，即发展的人本出发点和制约性条件；第二个症候是发展的目的与手段相颠倒；第三个症候是造成了主客体的对立和分裂。①

2. 发展主义与农村扶贫的路径

基于发展主义的农村扶贫战略，以经济效益考察政府扶贫政策的实施效果，认为连片特困地区经济发展道路也要沿袭工业化的发展方向。传统的发展主义对于农村的扶贫模式过于强调以经济增长为导向，以物质为中心，把贫困居民作为被动的接受者，忽略了贫困居民生计能力的发展。由于社会转型加速期的到来，发展的制度与规范出现错位乃至失衡，一方面传统社会机制被打破，新的社会规范并没有及时确立，这时出现既不受传统制度约束，又无新制度规范的"失范"现象。这个时候，如果遵循发展主义的理念，人们将追求和占有更多的财富置于发展的中心位置，就会排斥公平、公正、共享等社会价值，忽视社会与文化因素在发展变迁中的作用，甚至为了财富不择手段，结果是贫富两极分化、通货膨胀、贪污腐败、政治动荡日益加剧，最终导致"有增长无发展"困境，甚至出现以牺牲人的生命价值和尊严为代价的现象。同时，人们的行为更为功利化和短期化。依然沉醉于每年 GDP 高增长神话的人们，并没有意识到生态环境的重要性。

---

① 杨寄荣：《"发展主义"及其反思》，《思想理论教育》2010 年第 5 期。

三　新发展主义与精准扶贫精准脱贫的亲和性

1. 新发展主义的兴起

新发展主义是在批判发展主义理论的基础上，通过非西方国家的深度理论自觉而兴起的一股具有跨学科、实践性和多元体系特点的思潮。首先，新发展主义批判发展主义对"空间"维度的抛弃。在发展主义看来，历史是线性前进的，而空间是无关紧要的。新发展主义认为，空间即社会，空间构成了理解西方现代性的根本维度。空间结构的变动，正是社会基础秩序的不断变化，而为变化了的社会基础寻求新的秩序，就成为"新发展主义"的理论旨归。[①] 其次，新发展主义基于文化自觉，批判发展主义对人的维度的忽视。早期新发展主义激进地批判发展主义，但没有提出抛弃发展主义之后"怎么办"。后来新发展主义，基于文化自觉的立场，一改之前对发展主义激进的质疑和否定，转为文化相对主义的全面拒斥态度，同时也不主张重返西方文化的怀抱，而是力求在文化宽容、文化自信的基础上，形成发展过程中的文化自觉。文化自觉是对西方现代性摧毁人类精神家园的反驳，追求在社会发展的过程中找回传统，并赋予其现代意义，使之成为理解与调和物质发展和精神进步之关系中最为重要的指标，使发展真正回归人的尺度，回归特定文化的内在尺度。[②] 新发展

---

① 吕方:《"新发展主义"与发展社会学研究的转向——评田毅鹏教授新著〈东亚"新发展主义"研究〉》,《社会科学战线》2010年第2期。

② 吕方:《"新发展主义"与发展社会学研究的转向——评田毅鹏教授新著〈东亚"新发展主义"研究〉》,《社会科学战线》2010年第2期。

主义寻求新公共性的建构。新公共性直面发展主义对于社会基础构造的破坏，在一个利己主义盛行的年代，希望以第三域的发展和微观的基层社会单元（社区）再造来重构社会基础秩序，以此建立健康的社会部门。

总之，新发展主义呼吁发展模式的转型。发展也是现代化理论的核心命题。现代化理论一直将经济发展置于首要的地位，而政治和社会的变革则被假设为可以由经济发展自动推导出来。显然，在现代化理论体系中，社会乃至政治都未成为其首要关切。现代化理论将欧美发达国家的发展规律上升为整个人类社会进步的规律，用来观察、分析和指导发展中国家的社会进步。但是现代化理论无视其内在的许多问题，如贫富差距、侵略性、环境污染等。后来的依附理论认为，欠发达国家和地区之所以贫困落后，是因为存在一条依附链条。从发达国家延伸到依附型国家的大都市，再伸向农村地区，后两者的经济剩余通过这个链条流向外部，最终转移到富国。只有斩断这个链条，他们才能获得发展。依附理论虽然在"中心—边缘"的理论拓展中反思了西方发达资本主义世界对第三世界发展话语权和权力的主宰，但是狭义的社会基础构造仍然不是其理论要旨。在这一点上，世界体系论也并没有特别的建树。

在反思发展主义的基础上，社会和谐、社会建设、社会均衡发展，成为社会发展模式研究的主题。新发展主义并不是简单地反对经济发展，亦不主张取消经济发展，而是反对将经济发展绝对化和唯一化。"20世纪90年代以来，经济自由主义以个人和社会的需求和欲望为动力，摇发展主义的大旗，为市场经济、私有化和经济理性鼓噪呐喊。……以经济的发展来解决社会和政治问题，以对金钱财富的持有来面对人生的本质意义，这样的观念和做法已然操控着我们的生活。"[1] 在联合国、民族国家、非政府组织和公共知识分子的主导和互动下，在理论和实践中产生了一系列反思性成果，包括佩鲁的《新发展观》，"可持续发展"及罗马俱乐部的《增长的极限》等。[2] 其主要观点为："发展"从来就是应具有其特定历史前提的，人们由单纯关注经济发展，转为关注"经济—社会"协调发展；发展是"整体的""内生的""综合的"，这种发展使技术受到各个人类共同体知识的、社会的和道德的约束；强调发展的综合性，主要是重视结构内部稳定协调发展，突出组织在结构中的作用，尤其是国家对市场的调节作用；在发展过程中重视人类创造性的提升。

2. 新发展主义与精准扶贫的亲和性

新发展主义基于文化自觉，主张整体的、综合的、内生的新型发展范式。这种发展范式在我国逐步被理论界接受，并日益成为探索中国改革、发展与稳定问题的智力启发。党的十八大以来，党中央把扶贫开发工作纳入"四个全面"战略布局，作为实现第一个百年奋斗目标的重点工作，摆在更加突出的位置，大力实施精准扶贫，不断丰富和拓展中国特色扶贫开发道路，不断开创

---

[1] 雷启立：《坚持一种可能》，《读书》2004 年第 1 期。
[2] 田毅鹏、陶宇：《"新发展主义"的理论谱系及问题表达》，《福建论坛》（人文社会科学版）2010 年第 10 期。

扶贫开发事业新局面。把精准扶贫精准脱贫作为基本方略，坚持扶贫开发与经济社会发展相互促进，坚持精准帮扶与集中连片特殊困难地区开发紧密结合，坚持扶贫开发与生态保护并重，坚持扶贫开发与社会保障有效衔接，咬定青山不放松，采取超常规举措，拿出过硬办法，举全党全社会之力，坚决打赢脱贫攻坚战。这表明我国开启了新发展道路的探索，秉承创新、协调、绿色、开放、共享的发展理念。因此，在某种程度上，新发展主义可以作为凝聚中华民族力量、汇集中华智慧的重要理论，与精准扶贫战略有着内在的亲和性。精准扶贫不是强行脱贫，而是要拔除贫根。用科学的态度营造扶贫扶志扶智的制度环境，转变一些地区"等、靠、要"观念，才能解决"人的素质性脱贫"问题，引导民众主动参与乡村建设。说到底，扶起贫穷的人们，最终是要让他们自己站立。精准扶贫摆脱了以往社会保障制度中被动盲目投入的趋势，政府着力于营造一个培育贫困主体内生脱贫能力的环境。这主要体现在以下三个方面。

首先，内生的发展与精准扶贫精准脱贫理念的内在统一。所谓内生性，主要是基于历史文化和社会价值，强调人力资源的开发，即社会经济发展中动态的、主体力量的发动，而不仅仅是物质的发展、客观经济体系的发展。"在发展中解决贫困问题"一直是中国农村扶贫的主导思路，其背后的假设是大量农村贫困者本身拥有脱贫的潜能，政府通过基础设施建设、劳动力转移、农业产业化、金融支持和能力训练等方式可以使贫困者获得脱贫的机会。①《中国农村扶贫开发纲要（2011-2020年）》提出要"增强贫困地区发展内生动力"，《关于创新机制扎实推进农村扶贫开发工作的意见》提出"以改革创新为动力，着力消除体制机制障碍，增强内生动力和发展活力"，《关于打赢脱贫攻坚战的决定》也明确指出要"坚持群众主体，激发内生动力。继续推进开发式扶贫，处理好国家、社会帮扶和自身努力的关系"。② 从政策文本来看，精准扶贫以来有关扶贫开发的几个纲领性文件从不同角度确定了内源发展是贫困地区的发展目标，并且内源发展、内生动力等词汇已经成为精准扶贫以来反贫困研究的核心词汇之一。从内生发展的视角，精准扶贫致力于促进贫困地区经济、社会、生态和文化协调发展。以发展生计能力为着眼点，提升就业能力，促进贫困居民全面发展。

其次，综合的发展与精准扶贫精准脱贫目标的高度契合。新发展主义强调发展的综合性，主要是重视结构内部稳定协调发展，突出组织在结构中的作用，尤其是国家对市场的调节作用。贫穷是一种系统性弊病，深入实施精准扶贫精准脱贫，项目安排和资金使用都要提高精准度，找到"贫根"，对症下药，靶向治疗，扶到点上、根上，才能让贫困群众真正得到实惠。《中共中央国务院关于打赢脱贫攻坚战的决定》指出，精准扶贫必须强化政府责任，引领市场、社会协同发力，鼓励先富帮后富，构建专项扶贫、

① 李棉管：《技术难题、政治过程与文化结果》，《社会学研究》2017年第1期。
② 万君、张琦：《"内外融合"：精准扶贫机制的发展转型与完善路径》，《南京农业大学学报》（社会科学版）2017年第4期。

行业扶贫、社会扶贫互为补充的大扶贫格局。从现实看，在把握当地贫困状况的基础上，找准贫根，选择精准性的帮扶方式，常常成效更加明显。以政府为核心的扶贫计划往往依赖于行政力量，搞大水漫灌、一刀切，从而忽视市场与社会，群众不但没有富起来，大量的投入还打了水漂。《中国农村扶贫开发纲要（2011-2020年）》和《中共中央国务院关于打赢脱贫攻坚战的决定》提出，到2020年，稳定实现农村贫困人口不愁吃、不愁穿，义务教育、基本医疗和住房安全有保障。实现贫困地区农民人均可支配收入增长幅度高于全国平均水平，基本公共服务主要领域指标接近全国平均水平。确保我国现行标准下农村贫困人口实现脱贫，贫困县全部摘帽，解决区域性整体贫困。

最后，整体的发展与精准扶贫精准脱贫战略的深度耦合。经过扶贫开发工作，虽然我国已经解决了贫困人口的温饱问题。但是传统的经济增长并没有给穷人带来改善生活的机会，贫富差距反而加大了。而且当前贫困问题呈现多样化的特征：由普遍贫困向区域贫困转变，由以绝对贫困为主向相对贫困过渡，长期性贫困与暂时性贫困并存。贫困原因由原先以物质困乏、生态环境恶劣、交通不便、人力资本不足等外部性因素为主向生计不稳定、个体依赖性等内生性因素转变，加之因病致贫、因病返贫，市场化过程中贫困地区农村居民市场参与能力弱化，其生计特征从缺穿少吃转变为高度脆弱。显然这种形势下，精准扶贫应该在注重扶贫政策的投资和发展效应的同时，更为强调人力资本投资对于扶贫对象生活的改善和生计能力的提升。因此，从新发展主义视角来看，精准扶贫战略的目标从缓解贫困转变为增强贫困主体的生计能力。这种能力的提升需要整体性的社会扶贫政策，包括建立劳动力市场，促进人力资本投资，通过生产性就业和自我就业，消除经济参与的障碍。这种扶贫政策的目标是推动农村居民的全面发展，手段在于增强其自身的生存能力。

　　精准扶贫旨在解决以往扶贫资源瞄准跑偏跑漏的问题。习近平总书记在湘西考察时提出精准扶贫的战略。"扶贫要实事求是，因地制宜。要精准扶贫，切忌喊口号，也不要定好高骛远的目标。"[①] 精准扶贫主要内容涉及对贫困主体的精准识别、精准帮扶，对扶贫工作的精准管理与精准考核。精准扶贫就是为了增加扶贫的针对性和有效性、抵消经济增长减贫效应的下降而必须采取的措施。精准扶贫的背面是粗放扶贫。精准扶贫重在扶持对象精准、项目安排精准、资金使用精准、措施到户精准、因村派人精准、脱贫成效精准。在实施精准扶贫战略中，坚持分类施策，因人因地施策，因贫困原因施策，因贫困类型施策。主要有五种渠道实施脱贫攻坚工程，即"通过扶持生产和就业发展一批，通过易地搬迁安置一批，通过生态保护脱贫一批，通过教育扶贫脱贫一批，通过低保政策兜底一批"。结合颍上县八里河镇朱岗村扶贫攻坚的实践，本书主要从产业扶贫、教育扶贫、健康扶贫、生态扶贫及就业扶贫等方面，从新发

① 《习近平赴湘西调研扶贫攻坚》，新华网，2013年11月3日。

展主义的视角，对该村的扶贫路径进行探讨。按照新发展主义的理念，中国的精准扶贫应确立由"机会"和"能力"两个方面组成的最有效的扶贫战略。首先要给农村贫困居民提供谋生的机会，然后向他们提供基本的社会服务，增加劳动力的人力资本，提高贫困居民利用谋生机会的能力。结合中国国情，这种扶贫战略需要建构一种"政府主导、市场运作、社会协同、主体参与"的扶贫机制。

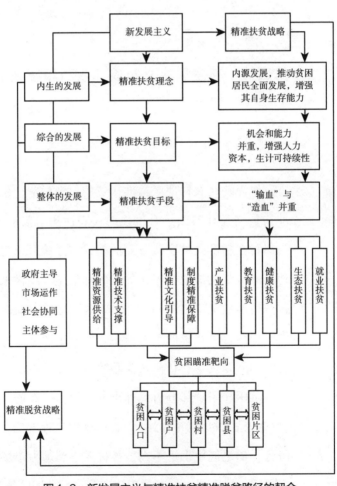

图1-3 新发展主义与精准扶贫精准脱贫路径的契合

政府以强制性为行为制定依据、规划方向，通过市场运作提高效率，社会、组织和个人依靠互助与合作发挥其服务、筹资、监督等功能，在发展经济的同时消除贫困，促进人力资本的投资。鼓励民众参与，为农村贫困居民增权赋能，激发其生产自救、自力更生、自我发展的能力，增强其主体性，增强贫困居民的权能感和实际能力，扶助弱势人群摆脱贫困奔向小康生活。

第四节　新发展主义与皖北农村精准扶贫的积极探索

作为皖北农村地区精准扶贫的典型村落，朱岗村的精准扶贫路径和实践具有很强的代表性和示范意义，因此，朱岗村在精准扶贫实践方面的模式与经验可以为皖北农村地区的减贫发展提供特定的参考和借鉴，同样朱岗村精准扶贫精准脱贫遭遇的问题，与皖北其他农村地区具有相似性。朱岗村因水患的频繁发生，农业生产屡遭损失，一直受贫困问题困扰。村民在党和政府的带领下，一直努力尝试与贫困斗争。部分村民外出务工致富，而留守农村居民（以老人、妇女、儿童为主），因受教育程度低，人力资本匮乏，加之健康水平不高，被排斥于劳动力市场之外，陷入贫困不能自拔。这种贫困属于脆弱性贫困（能力贫困）。

因此扶贫和脱贫的重点应该加强对朱岗村贫困人口的人力资本投资，走新发展主义的路径，以增强贫困人口的可行能力。从长远来看，随着工业化步伐的加快，农村贫困人口将会逐渐减少直至消失，最终实现消除贫困的途径是工业化、现代化、城镇化。

一 农村贫困问题的演变

（一）发展主义下的贫困问题

发展主义是一种在二战后产生了深远影响的意识形态。它以经济增长为中心，认为经济发展是社会进步与政治发展的先决条件；它预设了工业化与民主化的先后发展顺序，认为随着经济增长和民主制度的巩固，所有社会矛盾与问题将迎刃而解。[①]发展主义片面强调以经济增长为核心，但并没有实现社会、文化与环境的同步发展，导致社会上急功近利、工具主义盛行，金钱至上，人们的价值观严重扭曲，往往过多追求物质的富足，而忽视了人本身的发展。

（二）注重发展主义衍生的相对贫困和两极分化问题

在实践中，贫困地区经济发展难以吸纳足够的就业，也难以吸引贫困人口回乡创业，大量青壮年劳动力外流，造成贫困地区空心化，贫困地区、贫困人口内生动力有

[①] 郁建兴：《发展主义意识形态的反思与批判》，《马克思主义研究》2008 年第 11 期。

限。农村贫困发生的直接原因是农户不能充分就业，其背后则有体制、基础设施、技术和教育等多方面的原因。解决这些方面的问题，需要加快城乡一体化发展进程，在农村建立合理的人地比例关系，使留在农村的居民进入现代社会分工体系，使其成为有效率的、实现充分就业的职业农民。[1] 经过多年的扶贫开发工作，虽然中国已经解决了贫困人口的温饱问题，但是传统的经济增长并没有给穷人带来改善生活的机会，贫富差距反而加大了。党的十八届五中全会所强调的"分类扶持贫困家庭，探索对贫困人口实行资产收益扶持制度"脱贫攻坚思路，则可视为对新发展主义精准扶贫路径创新的现实呼应。

（三）发展停滞型贫困及其破解之道

朱岗村所在的皖北地区地少人密，经济社会发展相对周边地区较为落后，基础设施不完善，农业生产抗风险能力低下，长期以来贫困问题突出。而且贫困人口大多受教育程度低，生存技能较落后，自身减贫能力弱，主要依靠政府的单向扶持。这里的贫困主要是一种发展停滞型贫困。[2] 颍上县地处颍河末端，地势低洼，水灾水患较为频繁，历史上多次作为蓄洪区，农业生产和人民生活遭受到很大损失。稠密的人口加上频繁的灾荒阻碍了颍上的区域经济发展，发展滞后是颍上县贫困问题的宏观原因。颍上县早在 1986 年就被确定为国家级贫困县，2002 年被确定为国

---

① 党国英：《贫困类型与减贫战略选择》，《改革》2016 年第 8 期。
② 党国英：《贫困类型与减贫战略选择》，《改革》2016 年第 8 期。

家扶贫开发工作重点县，2011 年被确定为国家扶贫开发工作重点县和大别山连片特困地区片区县。颍上县的发展停滞型贫困具体表现为：第一，人们大部分劳作只能够满足衣食之需，过着简单的生活；第二，人们基本上没有财富积累，短时期的衣食丰盛很快会被人口增加所抵消；第三，在人们结成的最小社会单位里，无论是经济领域还是社会领域，均存在高强度的非市场、非货币的互惠往来与超经济强制，传统习俗与伦理道德对一个人的压力较为沉重，少有人敢于突破这样的在熟人社会所固有的"清规戒律"；第四，人们的熟人生活圈子终其一生少有变化，退出这样的圈子较为困难。颍上县农业生产技术落后，生产力水平低下，人地关系紧张，健康水平低下，健康维护意识淡薄。

从实践来看，我国的农村扶贫工作主要由政府包办，由政府运作、政府服务、政府监督，这样的模式有利于集中力量办大事，集中解决普遍性贫困问题。而当前农村贫困问题呈现多样化特征，市场化过程中贫困地区农村居民市场参与能力弱化，其生计特征从缺穿少吃转变为高度脆弱。在这种形势下，中国传统的扶贫模式不足以有效应对当前贫困问题。当前精准扶贫有三件事要做实：一是发展生产要实事求是，二是要有基本公共保障，三是下一代要接受教育。

二　新发展主义视角下皖北农村地区精准扶贫精准脱贫的路径选择

目前，农村扶贫进入攻坚阶段，但是精准扶贫并不

"精准"，贫困户识别、贫困户帮扶甚至扶贫考核管理，过于注重形式化，扶贫的实践可能与新发展理念相悖离。所以，精准扶贫下一步的实践中，要注重理论、制度与文化领域的软创新，从源头上注重协调发展，解决精准扶贫中的恶意排斥和贫困户与非贫困户之间发展不平衡等问题。优美的生态环境使人身心愉悦、寿命延长，会大大促进人力资本的积累和效率提升。抓住绿色发展的契机，将美丽乡村建设与生态保护有机结合，创新旅游扶贫发展的路径。开发式发展，有助于拓展扶贫实践的空间。在精准扶贫中，消除城乡二元结构的对立，让生产要素在农村与城市之间畅通，鼓励城市反哺农村、工业反哺农业，走城乡发展一体化道路。这样的发展理念拓展了精准扶贫的发展空间。共享发展的实质是坚持以人民为中心的发展理念，体现的是逐步实现共同富裕的要求。精准扶贫应坚持共享发展，加强基础设施建设、农村医疗卫生服务，充实农村教育资源，推动社会保障全覆盖，实现基本公共服务均等化。当下，精准扶贫进入攻坚阶段，结合以往的经历，突破发展停滞型贫困的陷阱，引导贫困户增强内生发展动力走出贫困，将成为下一阶段的重要任务。

（一）在精准扶贫中突出贫困人口的主体性

阿玛蒂亚·森认为："要把贫困看作是对基本的可行能力的剥夺，而不仅仅是收入低下。"[①] 所谓可行能力就是

---

① 阿玛蒂亚·森：《贫困与饥荒——论权利与剥夺》，王宇、王文玉译，商务印书馆，2006。

个人选择有理由珍视的生活的实质自由，即个人希望拥有的能力。朱岗村的扶贫之路，实现从输血式到造血式扶贫的转变，以贫困户为核心增强其可行能力，发挥其主体作用刻不容缓。要实现精准脱贫，一是要提升贫困户的致富能力，以贫困户自主脱贫力量为核心，挖掘贫困户中具有劳动能力和创新能力人群的主体性，立足于贫困地区现有的资源与特色，对他们进行集中培训，引导他们生产发展，摆脱对国家和社会力量的依赖。劳动能力缺失或半缺失的特殊贫困户，他们的可行能力显然较正常人处于劣势，应当给予这部分人群重点关注，强化因人施策、因贫困类型施策，开展关爱服务、权益维护和咨询教育，使他们走出最初的不利境况。二是要提升贫困户的脱贫志气，发挥优势视角，督促扶贫干部多走动，动员社会组织参与扶贫，深入贫困户，转变朱岗村个别贫困户"等靠要"的观念，增强其脱贫信心和内生动力，促进其发挥潜能、提升技能、构建社会支持网络，解决"人的素质贫困"问题。

（二）增强精准扶贫精准脱贫的政策效果

自 2013 年实施精准扶贫政策至今，朱岗村在消除贫困、改善民生方面取得了显著的成绩。今后的脱贫攻坚更需要立足于精准，对以往政策的落实要填平补齐：一是弥补在精准识别中的疏漏，加强对贫困户的鉴定，防止虚报数字，确保扶贫对象精准；二是将扶贫项目与贫困户进行无缝隙对接，根据贫困地区的资源特色与贫困户的类型和特点进行点穴式帮扶；三是对资金使用进行严格的监督，加强对扶贫干部的管理，防止扶贫资金的滥用；四是将扶贫措施落到实处，加强与贫困户的沟通与联系，关注贫困户的生活状况，防止扶贫措施失真情况的发生。此外，对于脱贫成效方面，应适当减轻扶贫资料的评估与填写压力，让相关的扶贫人员接地气，深入贫困户中，避免"精准填表"导致扶贫重心的偏离。

（三）在精准扶贫实践中全面落实新发展理念

朱岗村位于沿淮贫困带和大别山连片特困地区的交界处，其经济社会发展基础薄弱，村民人力资本低下，村庄基础设施不完善，农业生产抗风险能力不强，脱贫致富缺少内生发展动力。可以说，贫困与脆弱性交织是朱岗村所在特困地区的区域特质，也是其发展的陷阱。突破发展陷阱，需要寻找到最为脆弱之处，从最弱处着手反脆弱，从而促进其发展，即反脆弱发展。反脆弱发展是指针对区域脆弱性并以此为出发点，以农民生计为轴心，促成复合生态系统良性耦合的发展。[①] 产业扶贫作为朱岗村精准扶贫精准脱贫的重中之重，应该挖掘本地生态资源的优势，通过提高农业科技创新能力、加大农村人力资源投入、建立健全现代农业社会化服务体系等调整农业产业结构。增强贫困户的人力资本，提升其就业能力，并鼓励其外出务工增加收入，加强家庭生计能力建设。改进贫困户生活习

---

① 李雪萍：《反脆弱发展：连片特困地区贫困治理的新范式》，《华中师范大学学报》（人文社科版）2016年第3期。

惯，提升其健康意识和健康维护能力，构建健康扶贫的保障体系，增加贫困家庭的可行能力。增强教育扶贫的目标导向性，以教育扶贫为抓手，切断贫困的代际传递。教育是朱岗村经济社会发展的基石，是提高村集体经济收入、增加劳动力就业机会、促进居民增收的根本途径。稳定脱贫必先强教，优先发展教育，提高教学质量。就业扶贫是朱岗村保障贫困人口稳定脱贫的关键。通过大户带动就业、发展农业合作社吸纳就业、扶持扶贫车间创造就业，鼓励具有技能的劳动力外出务工增加经济收入，提升家庭资产建设能力，减小脆弱性贫困发生的可能性。

第二章

新发展主义与朱岗村产业扶贫的
路径创新

当前我国各级政府日益把产业扶贫作为主要抓手，投入较多的财力、物力和人力。产业扶贫实现了国家扶贫政策从"输血"到"造血"的变迁。[①]产业扶贫是以市场为导向、经济效益为中心、产业集聚为依托、资源开发为基础，对贫困地区的经济实行区域化布局、工业化生产、一体化经营、专门化服务，形成一种利益共同体的经营机制，把贫困地区产业的产前、产中、产后各个环节统一为产业链体系，通过产业链建设来推动区域扶贫的方式。[②]产业扶贫效益的取得在很大程度上来源于经济增长的普惠性影响，贫困治理的手段在于对资产的公平分配

① 王春光：《社会治理视角下的农村开发扶贫问题研究》，《中共福建省委党校学报》2015 年第 3 期。

② 徐翔、刘尔思：《产业扶贫融资模式创新研究》，《经济纵横》2011 年第 7 期。

和经济增长的亲贫性。1987年,《关于加强贫困地区经济开发工作的通知》发布,正式确定了以促进区域增长为主要目标的扶贫开发战略。^① 产业扶贫的主要举措:加大贫困地区的基础设施建设力度,完善道路、电力及水利设施;通过小额信贷,为贫困地区输入发展的启动资金,启动移民搬迁工程和整村推进工程等。产业扶贫可以提升贫困地区的经济社会发展水平,完善基础设施,改善贫困地区的经济面貌,带动贫困地区的内生发展动力。产业扶贫的逻辑是通过发展产业带动扶贫对象的增收。这种理念在于通过"造血"的方式,即扶持贫困地区产业发展,促进贫困地区经济增长,解决贫困问题,使农户脱贫致富。^② 因此,产业扶贫也就由"输血"的传统扶贫模式向"造血"的新发展主义扶贫模式转型。朱岗村的产业扶贫及其实践不仅完成了由"输血"模式转向"造血"模式,而且实现了这两种模式的有机结合,即"输血与造血的协同互动",这是治理农村贫困问题的必然选择。

---

① 汪三贵、殷浩栋、王瑜:《中国扶贫开发的实践、挑战与政策展望》,《华南师范大学学报》(社会科学版)2017年第4期。
② 梁晨:《产业扶贫项目的运作机制与地方政府的角色》,《北京工业大学学报》(社会科学版)2015年第5期。

第一节　理论视角：新发展主义与产业扶贫的路径

一　发展的内涵与扶贫的机制创新

"发展可以看作是扩展人们享有的真实自由的一个过程。"[①] 发展要求消除那些限制人们自由的主要因素，即贫困、暴政、经济机会的缺乏以及系统化的社会剥夺，忽视公共设施以及压迫性政权的不宽容和过度干预限制。发展指的是创造一种能够充分发挥人的潜力的环境，使人们得以按照自己的需求和兴趣，获得富有创造性和丰富多样的生活。[②] 推动产业发展可以消除贫困，这已成为地方政府精准扶贫实践的普遍共识。产业扶贫是指以市场为导向、以经济效益为中心、以产业发展为杠杆的扶贫开发过程，是促进贫困地区发展、增加贫困农户收入的有效途径。[③] 因为产业扶贫是一种"开放式＋造血式"扶贫模式，它能提升贫困地区群众的自身发展能力，促进贫困区域人口脱贫致富，对于改变欠发达区域的"久扶不脱贫"困境有着非常显著的效果；同时，产业扶贫还能有效缓解贫困地区脆弱生态环境面临的保护与发展的危机，实现可持续发

---

① 阿玛蒂亚·森：《以自由看待发展》，任赜等译，中国人民大学出版社，2013。
② 李雪萍：《反脆弱发展：连片特困地区贫困治理的新范式》，《华中师范大学学报》（人文社科版）2016 年第 3 期。
③ 蒋永甫、龚丽华、疏春晓：《产业扶贫：在政府行为与市场逻辑之间》，《贵州社会科学》2018 年第 2 期。

展。① 基于此，产业扶贫被视为精准扶贫"五个一批"②工程的关键任务。因为产业扶贫可以极大地调动农户参与产业化经营的积极性，促进贫困地区增产增收，从而增加贫困户的内源发展能力。实施产业扶贫，应是整体性、综合性、内生性的发展的关键。所以，"改善自然环境、加强基础设施建设、扶持产业发展"等成为当下地方精准扶贫精准脱贫政策文件的主要内容。产业扶贫作为发展生产脱贫的重要举措，是指依托贫困地区特色产业来带动一定数量的贫困人口脱贫和致富的扶贫模式。③ 产业扶贫是一种促使贫困地区和农户利用地区比较优势进行产品生产，逐步走上脱贫致富道路的扶贫方式，这种扶贫方式也称为"开发式"扶贫模式。④ 因此，产业扶贫以经济发展为带动力量、以增强扶贫对象自我发展能力为根本途径。产业扶贫政策的目标是激发贫困地区贫困人口的内生动力，提高自我发展能力，变"输血"为"造血"，确保脱贫效果的持续性。

---

① 王春萍、郑烨：《21 世纪以来中国产业扶贫研究脉络与主题谱系》，《中国人口·资源与环境》2017 年第 6 期；许汉泽、李小云：《精准扶贫背景下农村产业扶贫的实践困境——对华北李村产业扶贫项目的考察》，《西北农林科技大学学报》（社会科学版）2017 年第 1 期。

② "五个一批"是指发展生产脱贫一批、易地搬迁脱贫一批、生态补偿脱贫一批、发展教育脱贫一批、社会保障兜底一批。

③ 李博、左停：《精准扶贫视角下农村产业化扶贫政策执行逻辑的探讨——以 Y 村大棚蔬菜产业扶贫为例》，《西南大学学报》（社会科学版）2016 年第 4 期。

④ 李志萌、张宜红：《革命老区产业扶贫模式、存在问题及破解路径——以赣南老区为例》，《江西社会科学》2016 年第 7 期。

二 产业发展与消除贫困

产业扶贫更加强调对贫困人口的目标瞄准性和特惠性，其政策措施主要集中于三个方面。其一是发展特色产业，每个贫困县建设一批贫困人口参与度高的特色产业基地，初步形成特色产业体系，每个贫困乡镇、贫困村形成若干特色拳头产品；二是促进产业融合，通过三次产业融合发展，将贫困农户引入农业全产业链，以价值链增值收益提高贫困户的收入；三是扶持新型经营主体，通过财税政策鼓励新型经营主体与贫困户建立稳定带动关系，向贫困户提供全产业链服务，提高产业增值能力和吸纳贫困劳动力就业能力。

产业扶贫的政策设计有这样一个假设：本地区产业得以发展，产业扶贫项目得以落实，项目资金得以投入，贫困者的收入就能提高，能力就能提升，也就可以脱离贫困生活。传统扶贫政策注重收入贫困，忽略资产贫困；注重收入补偿，忽略资产建设和可持续发展。[①] 产业扶贫最初是从农业产业化经营开始的。1998 年党的十五届三中全会通过的《中共中央关于农业和农村工作若干重大问题的决定》正式指出，农村出现的产业化经营，不受部门、地区和所有制的限制，把农业产品的生产、加工、销售等环节连成一体，形成有机结合。农村贫困人口大都拥有农田，能够依靠的主要是农业，而农业的产业化

① 李静:《发展型社会政策视域下的精准扶贫》,《江淮论坛》2017 年第 1 期。

发展能直接最大限度地与贫困人口关联，帮助他们实现增收与发展。所以，在我国以往的扶贫开发过程中，农业产业化是带动大量农村贫困人口脱贫致富的主要驱动力之一。[1] 后来，产业扶贫主要通过大规模的开发式建设，扶持主导产业，培育主要的投资项目，带动贫困户脱贫致富。因此，产业扶贫通过将生产型社会投资项目与可持续的、以民为本的发展型社会政策相融合，通过多元主体提供资源，加大支持家庭的力度，协调社会及经济政策，投资人力资本、投资就业与创业计划、投资社会资本、投资产业发展，最终实现彻底消除贫困，促进共同富裕。

但是产业扶贫不适用于以下三类人：一是没有劳动力的老弱病残农户，二是文化水平低下、观念陈旧的农户，三是好吃懒做的农户。[2] 这是由于产业扶贫项目要求贫困人口具有一定的捕捉信息和参与能力。但许多农村贫困人口由于年老、年幼、生病而缺乏劳动能力，难以从开发式扶贫政策中受益。

---

[1] 莫光辉：《精准扶贫视域下的产业扶贫实践与路径优化》，《云南大学学报》（社会科学版）2017年第1期。

[2] 李小勇：《能力贫困视域下中国农村开发式扶贫的困境与超越》，《理论导刊》2013年第2期。

第二节　朱岗村产业扶贫的背景与政策实践

一　朱岗村产业扶贫的背景

（一）产业扶贫的迫切性

颍上地处淮河北岸，历史上水灾频仍。由于农田水利设施投入不足，抵抗自然灾害的能力较为薄弱。历史上长期的发展滞后导致颍上县脱贫任务比较重，在颍上县所辖的 348 个村（居）委会中，316 个村委会承担扶贫任务，共有贫困人口 4.9 万户 10.79 万人。目前，农业发展基本上处于靠天吃饭的自然状态。农业基础设施的投入满足不了可持续发展的需求，难以满足提高科技含量、推动农业与生态保护协同发展的需求。

"大河无水小河干。"颍上县的经济社会发展水平低，朱岗村属于颍上县下辖的一个建档立卡贫困村，能一定程度上反映当地经济社会发展水平。20 世纪 90 年代以来，朱岗村经济发展水平低，基础设施不完善，农田水利建设滞后，缺少向外出行的公路连接，村民出行不方便，而且经常遭受水灾导致的农产品歉收和减产。

长期以来，朱岗村农业种植结构较为单一，以种植小麦、玉米、大豆为主，该种植模式易受自然灾害的影响。朱岗村产业扶贫滞后的原因有以下几方面。首先，基础设施落后，资金投入较少。表现为：水利、道路和电网等基础设施不完善，影响农村居民的生产和生活。其次，朱岗村农业生产基础差，以家庭农业分散经营为主。农业管理较为落后，小农意识浓厚，制约农业经济发展。再次，农村居民农业增收困难，以外出务工为主。由于缺乏农业发展的支撑，农民增收项目较少，村庄中缺乏龙头企业致富带头人，缺乏资金和技术支撑，增收渠道狭窄。最后，村庄贫富差距较大，产业发展缺少村庄层面的凝聚力。经济上较为富裕的居民往往去县城和乡镇生产和生活；而留下的贫困户，多为老弱病残家庭，他们缺少参与产业扶贫脱贫致富的能力。

（二）产业扶贫的必要性

从发展实践看，朱岗村贫困的产生不仅源于经济基础薄弱、基础设施不完善，缺少具备内生发展动力的龙头产业，而且在于贫困户落后的生产方式和内生发展动力不足。在精准扶贫实践中，如果过多地依靠政府干预，物质、技术和资金过多投入，忽略贫困户的主体性，可能带来的后果是使贫困居民、贫困家庭、贫困社区产生依赖性，削弱他们自主解决问题的主体性和意愿。因此，坚持"群众主体，激发内生动力。继续推进开发式扶贫，处理好国家、社会帮扶和自身努力的关系"的原则。[1] 在精准扶贫精准脱贫实践中，朱岗村应立足于当地的资源禀赋条件，充分利用自身的比较优势，确立主导产业，建立生

---

[1] 《中共中央国务院关于打赢脱贫攻坚战的决定》，《人民日报》2015 年 11 月 29 日。

产基地。当地政府在引进或者策划产业扶贫项目时，需要充分考虑地方的资源禀赋和生产经营条件，不能单纯以市场需求为导向，应以贫困户利益的提升为根本出发点和归宿，重点选择对贫困户有强带动力、高参与度且具有明显区域特色的产业项目，从而确保贫困户直接受益、确保投资项目风险可控、确保投资收益稳定持续。[①]

　　政府提供优惠政策，扶持龙头企业，实现农户和企业双赢，从而实现带动贫困农户脱贫致富的目标。在打好脱贫攻坚战的背景下，朱岗村的产业扶贫要以龙头企业为依托，利用贫困地区特有资源优势，逐步形成"贸工农一体化，产加销一条龙"的产业化经营体系，持续稳定地带动贫困农民快速致富。朱岗村产业扶贫试图通过发展扶贫对象的能力来提高其生产能力和生活水平，这种扶贫方式与阿玛蒂亚·森的发展理念不谋而合。产业扶贫是当前让更多贫困地区民众摆脱穷苦生活，逐步走向富裕的重要抓手。

二　朱岗村产业扶贫的政策实践

　　朱岗村处于八里河镇的低洼地。由于农田基础设施较差，20 世纪 80 年代每年夏天雨季村民的生产生活都受到影响。再者，朱岗村居民只是简单地种植农作物，农业管理落后，劳动力素质低（没有专业技术），群众观念陈旧，思想觉悟落后，传统小农意识强，严重制约了村经济发

[①]　梁琦、蔡建刚：《资源禀赋、资产性收益与产业扶贫》，《中南大学学报》（社会科学版）2017 年第 4 期。

展。朱岗村农民增收项目不多，缺乏龙头企业致富资金和技术，增收渠道狭窄。针对贫困落后的状况，自2013年以来，在各级党委和政府的领导下，朱岗村在产业扶贫方面作出积极探索。

（一）以加快基础设施建设为契机，增强产业扶贫的内生发展动力

财政专项补助890万元，实施"村村通"工程，修水泥路20公里，其中村中主干道3.5公里、环村路4.5公里。帮扶单位中铁四局资助93万元，修断头路1.85公里。2015年实施自来水"户户通"工程，财政扶贫资金投入380万元。投入45万元铺设6.5公里的太阳能路灯，解决村庄内村民夜间出行难的问题。财政专项扶贫资金投入48万元，2016年建设60kW村级光伏电站。这些基础设施的投入和建设，让村民和贫困户共享发展成果，内生发展动力增强，方便了村民农业生产和生活，完善了农业产业化发展的基础设施。而且，光伏发电站的建设中，朱岗村有34户贫困户参与并网，每年收益不少于3000元，增加了收入。

（二）以培育"一村一品"为抓手，增加贫困人口的脱贫致富机会

朱岗村按照上级精准扶贫精准脱贫的精神，确立了"一村一品"的扶贫发展模式。"一村一品"是一种标准化、专业化的集体经营模式，将分散的农户集中起来，从粗放式的分散生产转变为分工明确的专业化生产。它确定

了特定区域的主导产品，集中该区域内所有生产要素发展一个重点产业，实现要素投入的集约化，推进规模化、标准化生产，提高农产品的加工程度。同时，大力推广标准化生产模式，从产品品种、生产技术到生产管理，均有统一制定的标准并对其进行监督，既为农产品的质量安全提供了保障，也有利于主导产品的品牌建设。龙头企业带动型是当前精准扶贫精准脱贫实践中应用最为广泛的一种模式。该模式以农产品加工企业为主导，通过合同契约、专业合作或股份合作制等多种利益联结机制，带动农户从事专业化、标准化生产，将生产、加工、销售有机结合，实行一体化经营。朱岗村的"一村一品"建设依托于八里河镇朱岗特种养殖有限公司。2016 年，朱岗村投入 60 万元，利用已撤并的原曹台小学建设獭兔和肉兔养殖基地，发展集体经济，带动贫困户脱贫致富。基地占地 15 亩，养殖规模 5000 只。2017 年，购置仔兔 3500 只，其中獭兔 2000只、肉兔 1000 只、长毛兔 500 只。朱岗村集体经济收入 30 万元，带动朱岗村周边贫困户 300 户参与其中。基地建成以来，壮大了村集体经济，增强了朱岗村精准脱贫的经济基础和内生发展动力。基地向朱岗村具有一定劳动能力并有饲养条件的贫困户，免费提供养兔技术、培训并提供仔兔，由农户自主饲养。成兔由基地统一回收销售，带动 56 户贫困户 214 人脱贫。另外，基地对无劳动能力或无饲养条件的贫困户，提供寄养服务，贫困户按饲养数量付给基地饲料、防疫等费用；成兔销售收入归贫困户所有，带动贫困户 33 户 58 人脱贫。

（三）以发展特色种养业为依托，提升贫困人口的生计发展能力

朱岗村发展特色种养业带动贫困户脱贫致富。朱岗村自 2015 年以来，落实特色种养奖补、托管服务、入股分红等到村、到户项目。朱岗村依托颍上县鑫犇生态养殖场，促使有养殖意愿的贫困户通过小额信贷购买种牛委托给养殖场代养，养殖场与贫困户签订代养协议，合作进行黄牛养殖。根据合同规定，种牛归贫困户所有，仔畜归养殖场所有，颍上县鑫犇生态养殖场每年给贫困户分红 2000 元。在对 30 户的贫困户调研中，有 1/5 的贫困户参与到产业扶贫的项目中。朱岗村的产业扶贫仍然以小农分散经营为主，比如种植蔬菜、养殖家禽和鱼类等小规模种植和养殖。根据养殖的数量和补贴标准，获得财政专项产业扶贫补贴（见表 2-1）。

表 2-1　2016 年朱岗村特色种养业扶贫到户项目资金补贴一览

姓名	产业项目	产业规模	计划投资（元）	补贴标准	补贴金额（元）
王 WY	种植	种菜 1 亩	2600	2000 元/亩	2000
汪 JC	养殖	养鱼 1 亩	1600	1000 元/亩	1000
王 HZ	种植	种菜 1 亩	2600	2000 元/亩	2000
吴 ZS	种植	种菜 1 亩	2600	2000 元/亩	2000
卜 FY	养殖	养鸡 100 只	1600	10 元/只	1000
朱 SG	养殖	养鱼 1 亩	1600	1000 元/亩	1000
王 XC	养殖	养鱼 1 亩	1600	1000 元/亩	1000
明 GZ	养殖	养鱼 3 亩	3600	1000 元/亩	3000
明 WS	养殖	养鱼 3 亩	3600	1000 元/亩	3000
朱 SA	养殖	养鱼 3 亩	3600	1000 元/亩	3000
朱 SQ	养殖	养鱼 3 亩	3600	1000 元/亩	3000

姓名	产业项目	产业规模	计划投资（元）	补贴标准	补贴金额（元）
朱 JG	养殖	养鱼 3 亩	3600	1000 元／亩	3000
朱 SX	养殖	养牛 1 头	6000	5000 元／头	5000
朱 CQ	种植	种菜 1 亩	2600	2000 元／亩	2000
朱 SB	养殖	养鱼 3 亩	3600	1000 元／亩	3000
朱 CA	养殖	养鱼 2.5 亩	3200	1000 元／亩	2500
朱 CP	养殖	养鱼 2 亩	2600	1000 元／亩	2000
朱 CQ	养殖	养鱼 4 亩	5000	1000 元／亩	4000
朱 LX	养殖	养鱼 1.6 亩	2600	1000 元／亩	1600
朱 CJ	养殖	养鱼 2.5 亩	3500	1000 元／亩	2500
汤 RL	养殖	养鱼 1.5 亩	3000	1000 元／亩	1500
曹 JS	种植	种菜 1 亩	2600	2000 元／亩	2000
曹 XN	种植	种菜 1 亩	2600	2000 元／亩	2000
曹 JQ	种植	种菜 1 亩	2600	2000 元／亩	2000
曹 JZ	种植	种菜 1 亩	2600	2000 元／亩	2000
曹 JS	养殖	养鸡 100 只	1600	10 元／只	1000
曹 XP	养殖	养鱼 2 亩	2600	1000 元／亩	2000
王 MZ	种植	种瓜 1 亩	2600	2000 元／亩	2000
王 MF	种植	种菜 1 亩	2600	2000 元／亩	2000
李 XF	种植	种菜 1 亩	2600	2000 元／亩	2000
曹 JA	种植	种菜 1 亩	2600	2000 元／亩	2000
范 WZ	种植	种菜 1 亩	2600	2000 元／亩	2000
曹 XY	种植	种菜 1 亩	2600	2000 元／亩	2000
王 BW	种植	种菜 1 亩	2600	2000 元／亩	2000
王 MA	种植	种菜 1 亩	2600	2000 元／亩	2000
曹 WW	种植	种菜 1 亩	2600	2000 元／亩	2000
罗 SZ	种植	种菜 1 亩	2600	2000 元／亩	2000
王 YZ	种植	种菜 1 亩	2600	2000 元／亩	2000
王 XL	种植	种菜 1 亩	2600	2000 元／亩	2000
孙 CD	种植	种菜 1 亩	2600	2000 元／亩	2000
吴 FJ	种植	种菜 2 亩	4600	2000 元／亩	4000
谢 YC	种植	种菜 1 亩	2600	2000 元／亩	2000
吴 FC	种植	种菜 1 亩	2600	2000 元／亩	2000
罗 SH	种植	种菜 1 亩	2600	2000 元／亩	2000
朱 SP	养殖	养鱼 2 亩	2600	1000 元／亩	2000
曹 XQ	种植	种瓜 1 亩	2600	2000 元／亩	2000
曹 JG	种植	菜豆 2 亩	4600	2000 元／亩	4000

从调研情况看，贫困主体参与产业扶贫的方式以发展特色种植业和养殖业为主。特色种植业和养殖业，在朱岗村具有悠久的历史，贫困家庭能够利用自身的农业生产知识与技能，围绕市场需求，发展特色种养业，能够增强其脱贫致富的内源发展动力。受访贫困居民对发展特色种植业和养殖业的扶贫项目评价较高（见表2-2、表2-3）。

表2-2 朱岗村受访贫困居民对扶贫效果评价

单位：户，%

评价	频率	百分比	有效百分比	累积百分比
非常好	1	1.7	3.3	3.3
比较好	17	28.3	56.7	60.0
一般	5	8.3	16.7	76.7
不太好	2	3.3	6.7	83.3
说不清	5	8.3	16.7	100.0
合计	30	50.0	100.0	

表2-3 扶贫措施是否合适

单位：户，%

评价	频率	百分比	有效百分比	累积百分比
非常合适	8	13.3	26.7	26.7
比较合适	12	20.0	40.0	66.7
一般	3	5.0	10.0	76.7
不太合适	1	1.7	3.3	80.0
很不合适	1	1.7	3.3	83.3
说不清	5	8.3	16.7	100.0
合计	30	50.0	100.0	

（四）以发展旅游扶贫为目标，提升贫困人口的综合发展能力

旅游扶贫是产业扶贫的关键内容。朱岗村依托八里河

风景区的优势条件，积极实施"旅游＋扶贫"的发展模式，通过发展旅游带动贫困户实现脱贫致富，推动精准扶贫精准脱贫。"扶贫要输血，更要造血。造血的关键在产业。村企共建、乡村旅游、财政资金折资入股就是朱岗村实现脱贫的三大重点。"朱岗村依托15家企业（新型经营主体）参与，共带动131户贫困户脱贫。依托八里河旅游股份有限公司、八里河景区物业管理公司、八里河水世界、徽姑娘农家乐专业合作社、玉龙家庭农场等五家企业为贫困户提供就业帮扶，包括园区生产、园林绿化、环境卫生、场馆看护等，可帮扶42人，实现人均年收入14400元；通过旅游产业引导，由贫困户开设农家乐及在农家乐就业，可帮扶30人，实现人均年收入12000元以上；通过旅游辐射带动55户贫困户从事特色农产品生产加工、手工艺品加工、特色水产养殖等，年收入达10000元以上；通过旅游自主创业，为9户贫困户提供经营场所、建设商铺等，支持贫困户自主创业，增强脱贫能力，实现户年收入20000元以上；通过旅游产业共带动136户贫困户脱贫。

（五）以打造生态农业为主导，凝聚主要产业发展方向，增强稳定脱贫的整体发展基础

朱岗村创建黄金梨产业基地，打造生态农业创新示范园。项目分为综合服务区、民宿体验区、休闲游乐区、设施农业展示区、果园采摘区。流转土地1000亩，主要种植黄金梨、美国大葡萄、金秋晚桃等，按照绿色农产品标准生产，亩产4000斤，经济效益超过20000元。黄金梨

产业基地帮助朱岗村贫困户通过就业安置实现脱贫致富。自2014年项目实施以来，带动朱岗村40户贫困户近50名贫困人口脱贫。具体而言，吸纳具有劳动能力的40名贫困人口作为黄金梨产业基地的长期工，一年工作10个月，每月工资1500元；另外招收10名贫困人口为季节工，每年工作80天，根据工种差异，工资50元至100元不等，这样每年纯收入达4000~8000元。在就业安置的基础上，黄金梨产业基地对有意向种植的贫困户，免费提供技术辅导，带领贫困户集体致富。

（六）以光伏发电为依托项目，增加精准扶贫的资源供给

2015年朱岗村建立60kW村级集体地面电站，该村55户179人参与光伏扶贫户用发电站项目。2016年该村继续实施光伏扶贫户用发电项目。光伏发电项目需要投入资金多，投入周期长而且收益慢，要达到每年2万元的收入，需要投入设备费用25万元。一般贫困户没有这方面的投资意识和投资能力，需要政府的扶贫政策引导和扶贫资源的帮扶。此外，光伏发电的电价是每度0.9元左右，一般的市场电价是每度0.5元左右，中间的差价需要由国家补贴。朱岗村产业扶贫是以光伏发电为主导产业，由八里河镇镇政府协助贫困户申请县农行贷款5万元，这部分资金用于光伏发电，年终贫困户获得分红。

第三节　朱岗村产业扶贫的突出问题与路径选择

朱岗村由于经济基础差，缺少相关配套设施及优势产业的辐射，在产业扶贫中内源发展力量不足，主要表现为贫困农户参与产业扶贫的积极性不高、转变生产方式较为困难、难以培育龙头产业、产业扶贫的市场风险规避机制建设滞后等问题。这导致当地贫困人口贫困程度加深，内源发展能力持续减弱。[①] 朱岗村村民在以外出务工获得收入为主要生计的文化和社会环境中，部分贫困户形成一整套自己的价值观，拥有选择生产生活方式的能力。产业扶贫带动贫困户脱贫也存在将市场风险转移给种植大户的问题。产业扶贫追求的不仅仅是产业发展单一目标，在某种程度上还承担了带动贫困户脱贫的社会责任，因此就不能完全按照市场化农场或者农业公司的单纯以追求利润为目标的方式经营。本书将其具体经营模式总结为"利益捆绑"与"责任连带"。在这样的项目模式预设下，部分实力雄厚的公司不愿承担带动贫困户脱贫的责任而不申请此类产业扶贫项目，反而是那些经营不太好的公司或者大户为了获得国家的相关扶持政策和资金才会申请。最后国家扶贫资源被"弱者吸纳"，申请到产业扶贫项目的公司往往都是相对来说条件不太好的公司，缺乏应有的产业发展和带动能力。[②]

---

① 万君、张琦：《"内外融合"：精准扶贫机制的发展转型与完善路径》，《南京农业大学学报》（社会科学版）2017年第4期。

② 许汉泽、李小云：《精准扶贫背景下农村产业扶贫的实践困境——对华北李村产业扶贫项目的考察》，《西北农林科技大学学报》（社会科学版）2017年第1期。

一 朱岗村产业扶贫的突出问题

（一）贫困户缺少内源发展能力

贫困必须被视为基本可行能力被剥夺，而不仅仅是收入低下。当前的产业扶贫是以项目制方式运作的，较少扶持单个贫困户，不具备根据不同贫困户的需求提供不同产业发展的可能性，反而倾向于集中资金打造统一、规模化的经营模式。朱岗村产业扶贫存在的问题可以归纳为贫困户没有创业能力、风险抵御能力差，以及与现代农业要求的标准化、品牌化相矛盾。产业发展还要有很多配套措施，包括建立现代化的服务体系、实现产业聚集，建立科技支撑、加工销售体系。贫困地区产业化发展具有以下特点。第一，贫困地区缺乏产业化发展的服务体系。第二，贫困地区农户缺乏现代生产技能和专业知识。第三，固有的小农意识使不少农户仍习惯在生产种植中"单打独斗"。对于少数大户，也往往满足于现有的收益和独立决策权，不愿与他人合作。[1]

（二）贫困户分散经营最为突出

由于分散经营，难以形成产业发展的规模效应，产业综合发展遇到瓶颈。朱岗村由于人口稠密，人均不到 1.2 亩耕地。大部分贫困户没有进行土地流转。这种农业生产

---

① 白丽、赵邦宏：《产业化扶贫模式选择与利益联结机制研究——以河北省易县食用菌产业发展为例》，《河北学刊》2015 年第 4 期。

方式有其不足之处。其一抵御自然灾害的能力较差，其二抵御市场风险的能力差。谈起种地，贫困户有说不完的话："都是种大豆，一亩地一年就卖 500 块，还要除去化肥农药钱，哪还有什么剩的。"

（三）贫困户市场意识淡薄

由于贫困人口受教育程度低，多数为文盲或半文盲，且为老弱病残群体，这样的贫困人口在产业扶贫中缺乏敏锐的市场意识。以种植胡萝卜为例，种植 1 亩胡萝卜，一年获得 1000 元补贴。如果一个家庭有 3 亩地，全部种植胡萝卜一年可得到扶贫补贴 3000 元，所以许多农户把地里的大豆铲除，开始种植胡萝卜，但当地气候及地质不适于种植胡萝卜，导致产量较低，且缺少销路。目前产业扶贫促进农村低收入水平的农户创收，但是协同农村经营的三方面资产改革、发挥农村新型主体的带动作用还不明显，新的业态还未发展起来。在扶贫的小额信贷项目实践中，政府为了降低单个贫困家庭的信贷风险，没有把资金直接贷给单个农户，而是以资金入股的方式投入龙头企业，让贫困户年终获得分红。朱岗村依托颍上县利民农机专业合作社，从县农商行贷款 5 万元入股合作社，合作社承诺每年给予贫困户 3000 元分红，贷款到期由合作社偿还本金和利息。朱岗村有 12 户贫困户参与了这种以资入股的产业扶贫模式。面对市场风险的约束，地方政府基于对产业扶贫资金安全与管理的考虑，倾向于把产业扶贫资金交由龙头企业经营，从而实现扶贫资金的资本化运作。这一产业扶贫模式将贫困户排除在整个扶贫过程之外，贫困户难以获得内源发展动力，导致贫困户自身发展能力不足，难以实现可持续脱贫。

（四）产业发展公共服务不配套

当下产业扶贫如果盲目地扩大规模，引进外部的先进生产力，而不能与本地的资源深度融合，往往会存在很大的市场风险，甚至出现水土不服的现象。如在颍上县产业扶贫项目中，红星镇大规模引进种植土豆，结果造成土豆滞销。虽然产业要发展，但是慢不得、急不得。就产业扶贫而言，带资入股和大户带动，实际上是将一些风险转嫁给大户或企业，这样一来，我国的保险尤其是产业扶贫保险和金融保险如果不能很快跟上，后遗症就会很多。比如有了金融风险，企业或大户一年不能按时还贷款，银行可以想办法解决，可以滚动发展，但是这样的贷款一年、两年、三年都坏账，企业或大户很可能会倒闭。

（五）贫困户参与产业扶贫的积极性不高

作为第一产业，农业有其特有的规律，不同于规模化、标准化的工业发展逻辑。以蔬菜大棚产业扶贫为例，主要经营方式分为两种：一种是建立在雇佣劳动基础上的合作社规模农场经营；第二种是所谓的"公司＋农户"的纵向一体化模式。这两种模式都具有以雇工为基础的规模经营特征。这两种农业经营方式可以概括为企业农业模式，"通过扩大规模进行持续扩张是这种模式的典型特征。在这种模式下，农业生产高度专门化并完全面向市场。企业农场主主动置身于对市场的依赖之中，并对劳动过程进行工业化的改造"。这种以开放式扶贫为主导的产业扶贫，对于贫困户而言，是难以企及的。根据调查资料，朱岗村产业扶贫项目的选择，往往是地方政府和基层干部为贫困户做决定，存在外部力量强力干预推动贫困户参与产业扶贫的现象。在此过程中，贫困户参与的积极性与主动性被忽视。一些贫困户，缺少发展产业的经济基础，自身经营能力弱，发展动力不足，存在一定的"等靠要"思想。从对朱岗村的调研资料看，首先，大多数具有一定经济基础、市场风险承受能力和经营意识的贫困村民选择外出务工经商，而留在村内的多为老、幼、病、残，他们多半被排斥在产业扶贫项目之外。其次，一些能够获利的产业大多需要长期投资，而留在当地的村民缺少投资眼光，很难捕捉产业扶贫的市场机会与政策机遇。最后，有些产业扶贫项目，需要逐级向上申报，一些村民对于产业扶贫相关政策缺少认知，其即使符合产业扶贫"以奖代补"的优惠条件，由于错过了申请时间，难以从产业扶贫政策中获益。总之，对于少部分产业扶贫项目，村民清楚很难获益，即使有干部动员，村民也极少参与。

二 新发展主义与朱岗村产业扶贫的路径创新

（一）注重发展理念的引领作用

以"创新、协调、绿色、开放、共享"发展理念为引领，朱岗村精准扶贫精准脱贫要走上新发展主义的道路，实现"人人过关、户户过关、村村过关"全面建成小康社会的目标。产业扶贫是一种建立在区域产业发展基础上的能力建设扶贫模式，通过构建利益联结机制让贫困户进入由经营主体主导的产业链体系中，以解决贫困农户独立发展产业能力弱的问题，从而实现贫困户的持续稳定增收。

（二）全面启动参与式扶贫

参与式扶贫强调村民在经济发展中的主动权、决策权、参与权和话语权，重视发展中贫困家庭的生计能力建设。颍上县今后围绕农业的可持续发展，发展特色产业，按照以人为本的理念，鼓励村民主动参与。村民参与当地的经济建设和社会发展，是精准扶贫精准脱贫的应有之义。因此，一些扶贫项目的引进是否符合当地的综合利益，满足村民的需求，村民是最有发言权的，他们也是农村经济发展和社会建设的真正参与者。在精准扶贫精准脱贫战略背景下，朱岗村要创新发展模式，利用当地的经济资源、社会力量、生态环境和文化理念，将扶贫脱贫与可持续发展相结合，推动贫困家庭生计能力发展，提升贫困主体的就业能力，提高个体发展能力，实现扶贫脱贫由"输血"向"造血""活血"的转变。

（三）精准选择产业发展项目

产业扶贫，应该选准产业，选准有前景的项目。朱岗村土豆滞销带来的生活困境，引起人们对产业扶贫的反思。产业扶贫实践中，一定要选准具有市场潜力的产业项目，否则给贫困户带来很大风险。在红星镇，村干部让贫困户种植土豆，但没有考虑如果大家都去种土豆，市场饱和之后土豆的销售问题。如果种土豆，就要发展后续的深加工业。在产业扶贫方面，项目应该深挖，不能盲目引进，要在原有项目基础上，给予资金支持。

（四）发展农业保险

发展农业保险为产业扶贫提供规避风险的渠道。目前受整个市场的影响农产品降价。比如粮食、土豆、瓜果蔬菜，受市场降价影响较大。有些蔬菜，销售收入达不到人工成本。如何保障农业的健康发展，从长远来看，应采取发展农业保险的做法。发展农业保险是安徽省政府农业发展政策的重要导向。比如水稻保险，如果受灾减产，保险公司需要一亩地赔付 200 元，以缓解农业收入损失问题。农业保险还可实现，如果收入达不到约定标准，由保险公司赔付补齐。针对贫困户，包括行蓄洪区贫困户，他们的农业财产和农业收入也应参加农业保险，得到保障。

（五）将产业扶贫与生态建设有机结合

目前，朱岗村将产业扶贫与生态建设有机结合有以下几种方式。一是保护资源的方式，动员贫困人口担任生态护林员，每年给予 6000 元的工资。通过此种方法带动了贫困人口就业，促进其脱贫致富，也保护了生态资源。二是提供森林抚育员就业岗位，即让贫困人口去管理森林，由安徽省林业厅下拨专项扶贫资金，一亩地给予除草劳务费100元，这也是对保护林业资源的支持。县里有两个自然保护区——迪沟自然保护区、八里河自然保护区，以及所创建的花园特色小镇。三是促进贫困人口就业，如担任保洁员、护理员。像八里河景区，还有其他乡镇，发动131户贫困户参与保护生态带动扶贫的实践。四是种植银杏大户带动贫困人口就业。这种将产业扶贫与生态建设有机结合的方式，既带动了贫困人口就业，也保护了当地的生态环境。

从朱岗村产业扶贫的实践来看，当前贫困户参与发展的动力不足。如何激发贫困户参与精准扶贫精准脱贫的内生动力，成为今后稳定脱贫的关键问题。朱岗村今后更要激发贫困户的发展动力，鼓励发展大户带动贫困户脱贫，引导贫困户到企业、种养大户等新型农业经营主体中就业，以就业带动脱贫。这里的主要帮扶方式有以下几种。第一，吸纳贫困户参与生产。种植大户建立生产基地，雇佣贫困户参与生产经营，同时与他们签订协议，帮助他们连接市场，接受统一的技术培训，但需要贫困户自筹资金，购买种子、化肥和农药。第二，带资入股，或带土地入股一些合作社、加工厂。在贫困户没有自身发展能力的情况下，通过签订协议，村委会帮助贫困户带土地入股，年终获得分红。第三，寄养帮扶。基层政府动员贫困户参与特色种养业扶贫，将扶贫办发放给贫困户的牛、羊、兔子等，寄养到专业合作社，最后给贫困户分红。

第三章

病—贫恶性循环与朱岗村健康扶贫的
路径选择

当前，因病致贫、因病返贫已成为贫困地区扶贫的突出难题，疾病导致贫困，贫困恶化疾病，病—贫恶性循环，严重影响了贫困家庭脱贫致富和农村经济的可持续发展。因此，探索如何精准健康扶贫成为当前推进健康中国战略的关键。健康扶贫不仅可推进健康中国建设的战略目标实现，而且是打赢脱贫攻坚战的关键之举。当前我国精准扶贫工作所面临的因病致贫与因病返贫困境，在一定程度上折射出了已有的扶贫政策与疾病型农村贫困人口的需求存在契合偏差。这种契合偏差致使因病致贫与因病返贫这只脱贫攻坚的"拦路虎"无法被彻底消灭。消除因病贫困，帮助贫困人口掌握必要的健康知识和预防疾病的能力，既是反贫困的重要内容之一，也是对贫困人口必要道德关怀的深切体现。①

① 龙静云：《论贫困的道德风险及其治理》，《哲学动态》2016年第4期。

第一节　健康扶贫的理论指向

一　贫困与疾病

疾病与贫困，犹如一对难兄难弟，它们交织在一起。这一现象也被称为贫病交加的恶性循环。[1] 即疾病—支出加大—贫困加深—无力医治—疾病加重……而这种恶性循环的最终结果就是"因病滞贫"，换言之，因常年受到疾病的纠缠而只能长期滞留在贫困的境地。[2] 贫病交加主要表现为：一是因病致贫问题；二是因贫致病问题。二者共同的关注点是将健康视为一种人力资本。健康作为人力资本的基石，既是人们追求的基本福祉，也是生产力的发展源泉。[3] 疾病带来人力资本的受损，从而引发了贫困问题。因病致贫是指疾病的产生使生活条件下降，并逐步引发贫困。疾病的发生，最先会作用于个人或家庭的财力上，从三个方面影响农村居民的生活：一是导致在医疗方面上的支出增加；二是劳动参与的减少，人力资本的受损，导致农村居民的收入减少；三是由于患病心理压力增大，从而影响家庭关系。目前，疾病仍然是农村贫困发生的首因。根据国务院扶贫办调

---

① 梁晨：《贫病循环：乡土社会伦理语境中的贫困再生产》，《人文杂志》2012年6月。

② 陈成文：《从"因病滞贫"看农村医疗保障制度改革》，《探索》2017年第2期。

③ 刘国恩、William H.Dow、傅正泓等：《中国的健康人力资本与收入增长》，《经济学季刊》2004年第4期。

查，目前全国现有的 7000 多万贫困农民中，因病致贫的农民占 42%。从农村贫困家庭就医情况来看，"费用高、看病贵"成为贫困家庭就医面临的首要困难，79.62%农村贫困家庭认为就医费用高。[①] 巨额医疗费用常使收入不高的家庭收支失衡，储蓄耗尽。然后是精神上的巨大压力。大病患者的医疗费用较一般疾病高、治疗周期长、所需药品及材料都比较昂贵。换言之，一个大病患者往往使整个家庭陷入贫困，使家人在以后的生活中不得不面临经济和精神上的双重困难，偏离正常的生活轨迹。[②]

（一）疾病与经济支持

因病致贫之所以发生，首先由于医疗保障制度的不健全，大部分农村家庭在患病时主要依靠自费治疗。其次，除了在医疗上的支出增多，病人因疾病无法从事农业劳作以及家属为照顾病人无法工作而产生的时间成本，都会使家庭的收入减少，加重其经济负担。并且，由于家庭人力资本受损，劳动参与的减少，患者家庭无精力去把握某些能够获利的市场机会，进而产生机会成本。家庭内可供支配的收入减少时，会造成对子女教育投资的减少，进而影响到家庭未来的收入状况。而当疾病长时间无法治愈，且家庭收入情况已无法维持基本生活时，便会采取向亲戚、

---

① 林闽钢:《在精准扶贫中构建"因病致贫返贫"治理体系》,《中国医疗保险》2016 年第 2 期。

② 刘颖、任苒:《大病卫生支出及其影响》,《中国卫生经济》2010 年第 3 期。

邻居借钱以及变卖家畜、农业用具、家具等应付手段,但这些只能解燃眉之急,并不能提供长久的经济保障。[①] 通过变卖家具、家畜、农业用具获取钱财的方法,则是牺牲生产生活资本来支付医疗费用。处理掉家庭的核心生产工具,会使家庭处于陷入长期贫困的风险当中。[②] 当贫困人群陷入疾病困境而无助时,处理健康危机以及自我发展的能力就会削弱。人们凭借健康的身体通过劳动参与获得经济收入,身体健康成为一种重要的人力资本。因而,疾病从多方面影响着患者及其家庭,医疗支出的增加、人力资本的受损、社会支持力的减弱、心理上的负担等,都会作用于患者及其家庭的财力和生活恢复上,从而引发贫困的恶性循环。

（二）因贫致病问题的猛增

因贫致病是指由家庭贫困的限制、周围因素的综合作用而引致的疾病。贫穷的生活状况也造成了农民不健康的生活状态,形成更多更严重的疾病。[③] 农民往往小病拖成大病,大病最后成为难治之症,即"小病拖、大病扛,最后倾家荡产见阎王"。贫困家庭比普通家庭承受着更大的健康风险。影响人们健康的风险性环境包括:自然风险、

---

① 左停、徐小言:《农村"贫困—疾病"恶性循环与精准扶贫中链式健康保障体系建设》,《西南民族大学学报》(人文社会科学版) 2017 年第 1 期。
② 洪秋妹、常向阳:《我国农村居民疾病与贫困的相互作用分析》,《农业经济问题》2010 年第 4 期。
③ 梁晨:《贫病循环:乡土社会伦理语境中的贫困再生产》,《人文杂志》2012 年 6 月。

家庭风险、社会风险和自身风险。[①]就自然风险而言，农村老年人的居住环境较为恶劣，如洪灾、旱灾、泥石流等自然灾害的发生会给农村老年人的健康带来威胁，且其地理位置上的偏僻，会给外出就医带来交通上的不便。而在家庭风险方面，农村地区厨房与厕所的卫生条件较差，也为老年人的健康埋下隐患；饮食方面上，营养供给不足或摄入过多、比例失调等也会引发一系列的疾病，直接影响着农村老年人的身体健康。社会风险方面则是指农村贫困人口由于受教育程度较低，大部分都从事危险系数较高的体力工作，工作环境较差，易患上职业病。在自身风险方面，农村老年人缺乏卫生知识，会形成一些错误的观念，养成一些不良的饮食和卫生习惯，久而久之，便滋生出某些疾病来。[②]

疾病与贫困的关系不言而喻，疾病会通过经济负担作用于贫困，而贫困反过来也会在一定程度上促使疾病的发生，因病致贫、因贫致病，是一种恶性循环。健康是个体生存发展的基础，在老龄化愈加严重的今天，提高农村老年人的健康水平，减轻其医疗负担，开展健康扶贫工程，进行针对性帮扶，为农村老年贫困人口提高一道健康保障是十分必要的。

---

① 左停、徐小言：《农村"贫困—疾病"恶性循环与精准扶贫中链式健康保障体系建设》，《西南民族大学学报》（人文社会科学版）2017 年第 1 期。
② 同上。

二　因病致贫与农村反贫困的相互作用

（一）因病致贫的发生机制

健康作为人力资本的重要构成，具有强大的内在价值和工具性价值。就内在价值而言，正如党的十八大报告中指出的，健康是促进人的全面发展的必然要求，是人类发展的首要目标之一。从工具性价值来看，在宏观层面上，健康与社会生产紧密相关，其本身就是一种财富的代表，是决定社会经济发展的主要因素之一；在微观层面上，良好的健康不仅能提高个体的劳动生产率，还可以增加其劳动时间。[①] 因此，不论是从经济效益方面出发，还是从人本主义角度出发，或者是从国家百年复兴的宏观层面出发，将健康扶贫融入整体开发战略中，全面实施健康扶贫工程，刻不容缓。

国务院扶贫办 2013 年建档立卡贫困户数据显示，全国因病致贫和因病返贫贫困户有 1256 万户，占贫困户总数的 42.4%（吉林、浙江、安徽、江西、山东、湖北、湖南、四川等省甚至超过了 50%），其中，患大病的有 417 万人，占 4.7%，患长期慢性病的有 1504 万人，占 16.8%。在各种致贫原因中，因病致贫在各地区都排在最前面。到 2015 年底，全国建档立卡贫困户中，因病致贫与因病返贫贫困户占 44.1%，患大病的有 240 万人，患

---

① 于大川:《健康对中国农村居民收入的影响研究》，华中科技大学博士学位论文，2013。

长期慢性病的有 960 万人。相比 2013 年，虽然患大病和患长期慢性病的贫困户大幅减少，但因病致贫与因病返贫贫困户所占比重反而有所上升。这就表明，疾病问题已成为精准扶贫的根本痼瘤。[①] 由于贫困地区自然条件差、经济社会发展落后，贫困家庭收入主要依靠外出务工和家庭农业，缺乏财产性收入，收入来源比较单一。因此，一旦家庭成员患上大病，会花去多年积蓄，甚至负债累累；更有一些家庭因无钱治病，深陷贫病交加之中不能自拔。

（二）因贫致病的预防机制

农村贫困人口"小病拖、大病扛"的习惯，使患病人口得不到有效治疗，加重了健康风险，从而引致健康状况的恶化。[②] 因此，加强农村医疗保障体系的建设，建立因贫致病的预防机制，就显得日益迫切而又必要。2014 年 12 月，习近平总书记在江苏调研时指出："要推动医疗卫生工作重心下移、医疗卫生资源下沉，推动城乡基本公共服务均等化，为群众提供安全有效、方便价廉的公共卫生和基本医疗服务，真正解决好基层群众看病难、看病贵问题。"2016 年 4 月，习近平总书记在安徽调研时再次强调："因病致贫、因残致贫问题时有发生，扶贫机制要进一步完善兜底措施，在医保、新农合方面给予更

---

① 王培安：《全面实施健康扶贫工程》，《行政管理改革》2016 年第 4 期。

② 左停、徐小言：《农村"贫困—疾病"恶性循环与精准扶贫中链式健康保障体系建设》，《西南民族大学学报》（人文社会科学版）2017 年第 1 期。

多扶持。"2015 年 11 月 29 日，中共中央、国务院出台的《关于打赢脱贫攻坚战的决定》明确提出了"开展医疗保险和医疗救助脱贫"的精准扶贫方略，并强调要"实施健康扶贫工程，保障贫困人口享有基本医疗卫生服务，努力防止因病致贫、因病返贫"。2017 年 2 月 23 日，民政部发布的《关于进一步加强医疗救助与城乡居民大病保险有效衔接的通知》指出，"医疗救助和城乡居民大病保险是我国多层次医疗保障体系的重要组成部分，发挥保障困难群众基本医疗权益的基础性作用"。由此可见，推进健康扶贫工程的开展以及发挥农村医疗保障制度的扶贫功能，是预防因贫致病的关键举措。加强医疗卫生和公共卫生体系建设，从疾病的预防、控制、诊断、治疗、康复的全过程进行系统建设与提升，才能从根本上改善贫困地区和贫困人口的健康问题，达到健康扶贫的目的。[1]

第二节　健康扶贫与朱岗村健康保障体系的构建

健康是人类生存的一项基本权利，拥有健康的身心状态是人发展和创造财富的基础。疾病作为健康的对立

---

[1]　方鹏骞、苏敏：《论我国健康扶贫的关键问题与体系构建》，《中国卫生政策研究》2017 年第 6 期。

面，导致人力资本直接受损，影响或丧失劳动能力，造成自身及家庭的发展滞后。因病致贫是各种致贫原因中占比最高的，也是导致脱贫工作不可持续的主要原因。打好健康扶贫攻坚战，提高贫困户的健康水平，将直接关系全面脱贫的实现。健康扶贫是精准扶贫的难中之难。2016 年，国家卫计委、国务院扶贫办、国家发改委等 15 部委联合印发《关于实施健康扶贫工程的指导意见》明确指出，实施健康扶贫工程，推进健康中国建设，防止因病致贫、因病返贫，到 2020 年贫困地区人人享有基本医疗卫生服务。目前，我国仍有 7000 万人口处于严重贫困状态，因病致贫、因病返贫仍是造成贫困的重要原因，而提高贫困居民的基本医疗保障水平，是最直接、最实惠、最有效的健康扶贫举措。

一　朱岗村健康扶贫的迫切性

（一）朱岗村因病致贫现象突出

朱岗村 2014 年共有贫困人口 513 人，其中因病致贫人口 224 人，占比约 44%；2015 年共有贫困人口 436 人，其中因病致贫 187 人，占比约 43%；截至 2016 年底的调查显示，全村共有贫困人口 313 人，其中因病致贫 124 人，占比约 40%。因病致贫仍然是贫困原因中占比最大的。2017 年，朱岗村患病人数 50 人，其中 49 人患慢性病（见表 3-1）。

表 3-1　2017 年朱岗村患病人数分布

单位：人

类型	曹沟片区	万桥片区	朱岗片区
患病人口	22	11	17
九种大病*	1	0	0
慢性疾病	21	11	17
其他疾病	0	0	0

注：九种大病分别是儿童急性淋巴细胞白血病、儿童急性早幼粒细胞白血病、儿童先天性心脏病房间隔缺损、儿童先天性心脏病室间隔缺损、食管癌、胃癌、结肠癌、直肠癌、终末期肾病。

就医疗设施而言，全村共有 1 座卫生室，村卫生室配备电脑 2 台、诊断床 3 个、病床 4 个，面积 170 平方米，共有医务人员 4 人（卫校进修之后从业）。村卫生室承担全村基本公共卫生服务、家庭医生签约服务。医疗保健设施落后和医务从业人员专业水平低，是造成朱岗村村民的健康没有得到良好保障的重要原因。

贫困村民以慢性病居多。在调查中发现，贫困村民主要患有慢性阻塞性肺疾病、脑出血及脑梗塞、心脏病、冠心病、肝硬化、糖尿病等疾病（见表 3-2）。

表 3-2　朱岗村贫困户慢性病人情况

姓名代码	性别	年龄	所患疾病
黄 WZ	女	80	高血压 II 级
朱 SP	女	36	肝病
朱 SQ	男	70	高血压 II 级
尧 GY	女	83	冠心病
余 BH	女	68	高血压 II 级
朱 SY	女	47	精神病
明 XC	男	70	结核病

姓名代码	性别	年龄	所患疾病
朱 GD	男	70	截瘫
张 CW	男	87	糖尿病
吴 ZS	男	62	高血压 II 级
孟 QZ	女	83	高血压 II 级
王 WX	男	75	脑血管病
卜 QF	男	54	脑血管病
方 YX	女	61	高血压 II 级
谢 YC	女	62	高血压 II 级
王 XL	男	65	高血压 II 级
王 CL	女	50	慢性活动性肝炎
曹 XN	男	62	心肌梗塞
吴 YX	女	62	糖尿病
李 YC	男	69	高血压 II 级
刘 WQ	男	74	高血压 II 级
孙 QS	男	43	精神障碍（非重型）
罗 Q	男	41	脑出血及脑梗塞（恢复期）
马 BF	女	88	高血压 II 级
何 SY	女	79	高血压 II 级
崔 JL	男	60	脑出血及脑梗塞（恢复期）
曹 JG	男	67	糖尿病
方 GL	女	67	糖尿病
方 SZ	男	41	糖尿病
单 DM	男	53	脑瘤
刘 WC	女	51	高血压 II 级
曹 XY	男	32	重症肌无力
孙 DL	男	42	先天性心脏病
杨 LX	女	71	脑血管病
范 PZ	女	84	脑血管病
范 WZ	男	44	脑血管病

姓名代码	性别	年龄	所患疾病
刘 WQ	男	74	高血压 II 级
王 BW	男	65	肾病
朱 SW	男	74	慢性阻塞性肺疾病
张 YH	男	84	脑血管病
朱 SG	男	66	心血管疾病
孙 JJ	男	56	肝病
卜 QF	男	53	脑血管病
高 KX	女	71	高血压 II 级
王 XL	女	52	重症精神病
顾 SJ	女	49	脑血管病
崔 JL	男	60	脑出血及脑梗塞（恢复期）
汤 RL	女	76	冠心病

慢性病患者的身体不适程度较重。挺严重者 14 人，占比 23.3%；非常严重 1 人，占比 1.7%（见表 3-3）。

表 3-3　朱岗村受访慢性病患者身体不适程度

单位：人，%

项目	身体不适程度	频率	百分比	有效百分比	累积百分比
有效	没有	7	11.7	15.9	15.9
	有一点	7	11.7	15.9	31.8
	有一些	15	25.0	34.1	65.9
	挺严重	14	23.3	31.8	97.7
	非常严重	1	1.7	2.3	100.0
	合计	44	73.3	100.0	
缺失	系统	16	26.7		
合计		60	100.0		

朱岗村建档立卡慢性病患者未办理慢性病证件情况如表 3-4 所示。这些慢性病贫困户多自己去药店购药。

表 3-4　朱岗村建档立卡慢性病患者未办理证件情况

姓名代码	性别	年龄	所患疾病	证件未办理
ZSW	男	74	慢性阻塞性肺疾病	是
ZGS	男	66	脑出血及脑梗塞	是
SDL	男	42	心脏病并发心功能不全	是
YGZ	女	67	糖尿病	是
FWZ	男	57	心脏病并发心功能不全	是
WHZ	男	47	肝硬化	是
ZSX	男	86	高血压Ⅲ级	是
BQF	男	54	高血压Ⅲ级	是
ZSG	男	54	心脏病并发心功能不全	是
WRL	女	69	慢性阻塞性肺疾病	是
SXY	女	77	腰椎间盘突出	是
ZSC	男	56	高血压Ⅲ级	是
SDM	男	53	恶性肿瘤放化疗	是
ZSQ	女	44	重型精神障碍	是
CXY	男	32	重症肌无力	是
ZL	女	52	慢性肾衰竭	是
CJG	男	67	高血压Ⅲ级	是
WXL	女	52	重型精神障碍	是
ZXH	男	84	高血压Ⅲ级	是
GKX	女	71	心脏病并发心功能不全	是

目前农村贫困人口的健康问题日益突出，健康状况低下又加剧了贫困的发生，因病致贫、因病返贫现象严重。从住院经济负担来看，贫困县参合农民年住院率为 14.84%，次均费用为 4246.43 元，实际补偿比为 59.6%，年人均住院费用占人均纯收入的 3.9%，高于全国农村住院

病人人均住院费用占比（2.6%）。[①]"救护车一响，一头猪白养"，曾是因病致贫的写照。截至2016年底，安徽省脱贫攻坚成效第三方评估监测的数据显示，全省贫困户中因病致贫188741户、因残致贫87252户，因病因残致贫占贫困户总数的66.5%。

健康扶贫工程的核心目标是要让贫困地区农村贫困人口"看得起病、看得好病、看得上病、少生病"，综合施策，通过提高医疗保障水平、控制医疗费用；对农村贫困人口情况进行核实核准工作，为其建立动态管理的电子健康档案和健康卡；进行三级医院与贫困县县级医院一对一帮扶，加强农村贫困地区的医疗卫生服务机构标准化建设，强化人才培养；整治农村贫困地区的环境和卫生，加大农村贫困地区传染病、地方病、慢性病防控力度，提升农村贫困人口的健康意识等，将治疗、控制、保障、预防等结合，改善农村贫困人口"无钱可医、无地可医"的境况，更有针对性地提供服务，提高农村贫困地区的人居环境质量，有效防止"因病致贫""因病返贫"情况的恶化，为农村反贫困工作解决一大难题。

（二）健康受损导致人力资本匮乏，经济收入减少

疾病、老龄化、残障等使家庭劳动力缺乏，收入降低。目前，农村社会保障机制还不健全，医疗和社会保险等还很薄弱。对于朱岗村村民而言，如果家中有残疾

① 朱兆芳：《健康扶贫应融入整体扶贫开发战略》，《中国卫生》2016年第3期。

人、体弱或年老丧失劳动能力的成员，不仅对家庭没有收入的贡献，反而还增大支出，导致家庭长期陷入贫困之中，难以脱贫。

安徽省委书记李锦斌强调，因病致贫、因病返贫是安徽省最突出的脱贫障碍，是啃下扶贫"硬骨头"的重要着力点。认真贯彻落实习近平总书记关于健康扶贫的重要讲话精神，进一步增强做好健康扶贫工作的政治责任感和现实紧迫感，通过综合治理的方法防治地方病，采取"靶向治疗"的措施解决因病返贫致贫问题，不断健全完善贫困人口"三保障一兜底一补充"综合医保政策体系，推动3510、180健康扶贫工程平稳实施，加大医改特别是医共体推进力度，切实切断贫困与疾病之间的恶性循环，坚决打赢脱贫攻坚战。安徽省政府及各职能部门，从2017年3月开始，把实施健康扶贫工程摆在十分突出的位置，大力实施3510健康扶贫工程，严控"因病致贫""因病返贫"。并出台《健康脱贫综合医疗保障实施细则》，明确截至2015年底由扶贫部门确认的全省建档立卡农村贫困人口实行动态管理，已脱贫人口按规定在一定时期内继续享受政府兜底保障政策。

二 朱岗村健康扶贫的政策实践

一是大病专项救治政策。该政策主要瞄准建档立卡的大病、慢性病群体。政策计划用3年时间对贫困人口大病专项救治，使全省建档立卡的贫困户和低保对象中，儿童急淋、急粒白血病、儿童先天性房缺室缺、食管癌、胃癌、结肠癌等疾病患者，能够得到及时救治。慢性病门诊无法报销一直是难题。《健康脱贫综合医疗保障实施细则》明确，强化建档立卡农村贫困人口大病和慢性病综合医疗保障，实行贫困人口慢性病门诊补充医疗保障，贫困慢性病患者一个年度内门诊医药费用，经"三保障一兜底"补偿后，剩余合规医药费用由补充医保再报销80%。

二是大力实施3510和180健康扶贫工程。3510健康扶贫工程即贫困人口在享受基本医保、大病医保、民政救助后，在县、市、省三级医院的合规医药费，个人自付最高限额分别为3000元、5000元、1万元，其余部分由财政专项资金兜底，2017年6月1日，按照安徽省扶贫办的健康扶贫精神，朱岗村开始实施180健康扶贫工程。所谓180健康扶贫工程，是指在3510健康扶贫工程的基础上，对建档立卡的贫困慢性病患者自付医药费再按80%给予补偿，发挥政府主导作用，推动解决因病返贫问题。该政策覆盖到所有符合条件的扶贫对象，切实让这部分群众方便看病、看得起病、看得好病，有实实在在的获得感。由于农村年龄大的贫困人口患有不同程度的慢性病，许多贫困家庭为了省钱，都是忍着病痛不去医院。180健康扶贫工程的实施，能够有效满足和缓解慢性病贫困群体的医疗需求和经济负担。

三 朱岗村健康扶贫的现状与突出问题

颍上县结合国家和省级健康扶贫政策，因地制宜开展医疗保险和医疗救助脱贫，实施健康扶贫工程，多举措并行。一是家庭医生签约。全县全面开展家庭医生签约服务工作，朱岗村借助颍上县人民医院技术优势，下放县卫生系统314人与乡镇卫生院医生和村室家庭医生结成1+1+1"师徒关系"，实行全天候技术指导，并使签约人群在院住院就诊时享受到诊疗优先、降低门槛费等待遇。二是分级诊疗。按照"基层首诊、双向转诊、急慢分治、上下联动"的原则，依托省立医院医疗资源和专家帮扶，充分利用县内医疗资源，逐步实现"县级医院治大病、乡镇卫生院看小病、村卫生室防未病"的大健康理念。三是先看病、后付费。为减轻农村贫困患者就医垫资压力和费用负担，凡来颍上县人民医院的贫困人口凭"扶贫手册"均可享受"先看病、后付费"政策，不交钱，先看病。四是"一站式"服务。全面推进贫困人口新农合"一站式"结算，完全享受"三保障一兜底"，切实减轻他们的负担。五是大病专项救治。切实做好专项救治组织工作，保障医疗质量和安全，降低患者医疗费用负担，扎实推进相关工作，确保取得实效。六是实行贫困人口补充医保制度，即180健康扶贫工程。七是发挥医共体作用实施脱贫攻坚。

目前，健康扶贫基本做到了全覆盖，医疗保障政策覆盖不到的地方主要是部分慢性病患者。其原因一是慢性病患者不听从劝告，自行到药店或非定点医疗机构看病，多在个体医生（诊所）买药，导致费用没有报销。二是慢性病患者没有通过鉴定和认证。部分慢性病患者不配合鉴定，导致不能领取慢性病就诊证，无法享受补充医疗保障政策。慢性病的补偿只有在慢性病评审通过后，符合规定的部分才能予以补偿。慢性病的申报和评审程序为：符合规定病种的慢性病患者，首先向本辖区的乡镇卫生院提出申请，并同时提交已患慢性病的相关医学文书（住院病历、相关的医学检验、检查阳性结果等）及其他相关材料，乡镇卫生院在一定时间内将收集的需要评审的慢性病患者的有关材料，交到县卫生局组织的新农合慢性病评审专家组处进行评审。通过评审的慢性病患者，县合管中心发放颍上县慢性病患者就诊证，患者方可持证就医并可获得一定就医费用的补偿。按照省、县新农合慢性病的有关评定程序规定，慢性病评审每半年一次。而部分慢性病患者因为程序冗杂、位置偏远等不愿配合鉴定，导致就医费用无法报销。

另外，尽管基本医疗保险、民政救助、大病救助、政府兜底等政策加强保障，降低报销门槛费、提高报销比例、补充医保等措施多管齐下，理论上可以有效减轻贫困家庭的看病支出，增加健康保障，缓解健康负担。但很多慢性病一般不需要住院和看门诊，平时主要靠吃药维持，而这部分支出的报销困难且报销额少。因此，尽管各项惠民医疗政策层见叠出，但政策不够接地气，致使这些慢性病患者没有明显的获得感。

第三节　朱岗村因病致贫的突出问题与路径选择

一　朱岗村贫困户的健康状况

1. 贫困户的健康风险

贫困村民的健康没有一把有力的保护伞保障，致使许多已经脱贫的家庭重新回到贫困的境地，形成恶性循环。这些因病致贫的人口大致可以归为四种情况：大小疾病；肢体残疾；老龄化；智力障碍。这些健康问题使个人劳动能力衰退甚至丧失，给家庭的经济来源造成一个缺口；此外，在医疗方面的支出也是这些贫困家庭的沉重负担，入不敷出致使这里的贫困村民陷入了因病致贫、因病返贫的恶性循环。自身经济能力受限，加之健康因素的影响，使贫困村民在脱贫的道路上举步维艰。

问卷调查结果显示，在 30 户贫困户当中，有 23 户家中存在不同程度的健康问题，占比高达 76.7%（见表 3-5）。全村因病致贫人数较多，形势严峻。

表 3-5　朱岗村贫困户家庭健康状况

单位：户，%

类型	频率	百分比	有效百分比	累积百分比
健康	7	23.3	23.3	23.3
有长期慢性病患者	11	36.7	36.7	60.0
有大病患者	5	16.7	16.7	76.7
有残疾者	7	23.3	23.3	100.0
合计	30	100.0	100.0	

在对30户贫困户的调查中，家中有1人不健康的19户，占比63.3%；有2人不健康的7户，占比23.3%。其中疾病较为严重的有15户，占比50%。

从2016年发病情况看，有20户的病人需要治疗，占比66.7%。其中8户的病人没有治疗，占比40%；7户的病人自行买药，占比35.0%。生病没治疗的原因，6户因经济困难，"不重视"的有3户，"小病不用医"2户。就贫困户因健康受损当前身体疼痛（不适）程度而言，"挺严重"的有12人，占比40%。可见，朱岗村健康问题较为突出。

2. 因病致贫的"病"因多样化

从总体来看，在60户农户中，有身体残疾、患长期慢性病或大病的较多，共有42户，占总户数的70%。可知该村农户健康状况不容乐观，很大部分家庭存在健康问题。贫困户的健康没有一把有力的保护伞保障，致使全部或部分劳动能力丧失。例如，与一般人相比，残疾人的失业率显著提高，而且经常参与低工资的工作。

调研发现，贫困户中贫困程度普遍较高，低保户、低保贫困户、五保户共有24户，占受访贫困户的80%，脱贫形势仍较为严峻。由于贫困地区自然条件差、经济社会发展落后，贫困家庭收入主要依靠外出务工和家庭农业，缺乏财产性收入，收入来源比较单一。一旦家庭成员患上大病，会花去多年积蓄，甚至负债累累；更有一些家庭因无钱治病，只能"小病扛，大病躺"，结果"小病拖大，大病拖炸"，深陷贫病交加之中不能自拔，健康扶贫无疑是脱贫工作中的难中之难。

贫困户患病年龄较大。在受访贫困户中，年龄在30~40岁的有1人，60岁及以上的贫困户户主有20人，占受访贫困户总数的66.7%，这也是贫困户中疾病率那么高的原因之一。由于年龄较大，身体机能等弱化，身体出现各种疾病；同时劳动力下降或失去劳作能力，收入受到严重限制，使贫困农户得病后一拖再拖。而高额的医疗费用，也加大了贫困户自身的贫困化程度与脱贫的难度。

二 朱岗村因病致贫的突出原因

（一）生活卫生条件较差

朱岗村村民的生活卫生条件较差。从问卷调查情况来看，26户使用传统旱厕，占比43.3%；使用卫生厕所的26户，占比43.3%；没有厕所7户，占比11.7%；还有1户临时搭建厕所，占比1.7%（见表3-6）。

表3-6 受访户家厕所类型

单位：户，%

类型	频率	百分比	有效百分比	累积百分比
传统旱厕	26	43.3	43.3	43.3
卫生厕所	26	43.3	43.3	86.7
没有厕所	7	11.7	11.7	98.3
其他	1	1.7	1.7	100.0
合计	60	100.0	100.0	

（二）生活垃圾和污水处理不当

在生活垃圾处理方面，受访者中有 15 户"送到垃圾处理池等"，占比 25.0%；31 户定点堆放，占比 51.7%；12 户随意丢弃，占比 20.0%；2 户以其他方式处理（自己屋前丢弃），占比 3.3%（见表 3-7）。从生活污水排放方式看，17 户管道排放，占比 28.3%；4 户排到家里渗井，占比 6.7%；20 户排到院外沟渠，占比 33.3%；19 户随意排放，占比 31.7%（见表 3-8）。

表 3-7　受访户生活垃圾处理方式

单位：户，%

处理方式	频率	百分比	有效百分比	累积百分比
送到垃圾处理池等	15	25.0	25.0	25.0
定点堆放	31	51.7	51.7	76.7
随意丢弃	12	20.0	20.0	96.7
其他	2	3.3	3.3	100.0
合计	60	100.0	100.0	

表 3-8　受访户生活污水排放方式

单位：户，%

处理方式	频率	百分比	有效百分比	累积百分比
管道排放	17	28.3	28.3	28.3
排到家里渗井	4	6.7	6.7	35.0
院外沟渠	20	33.3	33.3	68.3
随意排放	19	31.7	31.7	100.0
合计	60	100.0	100.0	

（三）贫困户医疗支出占收入比重高

受访贫困户中全年收入在 5000 元以下的有 18 户，占

60%；在 5000~20000 元的有 10 户，占 33.3%；20000 元及以上的有 2 户，占 6.7%（见图 3-1）。总体而言，贫困户中全年收入相对较低，而这仅有的收入一般又作为生活开支，很难兼顾其他方面，这也就导致了贫困户无法重视或没有及时治疗疾病。

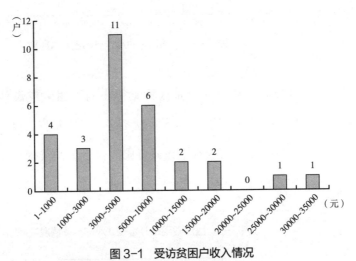

图 3-1　受访贫困户收入情况

资料来源：精准扶贫精准脱贫百村调研朱岗村调研。

说明：本书统计图，除特殊标注外，来自朱岗村调研。

在受访贫困户中，医疗支出占收入比重在 30% 以下的有 18 户，占总户数的 60%；在 30%~50% 的有 5 户，占 16.7%；在 50% 及以上的有 7 户，占 23.3%，且在这 7 户中，医疗费用占收入比重达到了 90%~100%（见图 3-2）。总体而言，在贫困户收入中医疗费用占比普遍偏低。

由收入中医疗费用占比在 0%~20% 的 16 户贫困户具体情况。可知，这些村民要么没有医疗费用支出，要么支

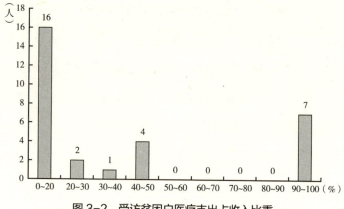

图3-2 受访贫困户医疗支出占收入比重

出较低，且大部分是因为觉得小病不用医或没钱（见表3-9）；他们的身体状况本就不好，加之年岁已高，家中劳动力缺乏，收入水平极其有限。对于这些贫困户而言，脱贫更加无法实现。

表3-9 医疗费用在0%~20%的具体情况及原因

单位：元

家庭	1	2	3	4	5	6	7	8	9
收入	2500	3240	2080	0	5640	6900	6000	410	12300
医疗费用	0	0	0	0	0	0	0	0	0
原因	小病不用医	小病不用医	小病不用医	没钱	小病不用医	小病不用医	小病不用医	没钱	健康
家庭	10	11	12	13	14	15	16	17	18
收入	2400	0	6000	11400	27900	840	31960	—	—
医疗费用	0	0	0	1200	0	0	6000	—	—
原因	小病不用医	没钱	小病不用医	收入较高	健康	没钱	收入较高	—	—

贫病交加的个案素描

1.眼疾致使全家贫困

一个调查对象表示，家中共有5个人，原本家中的主要经济来源是靠儿子打工，可就在前几年，儿子因为眼疾，视力急剧下降，虽然动过手术，但并未收到好的效果，现在几乎看不见东西，不能再去打工挣钱，使家中的收入受到严重限制。不仅如此，当时为了治疗儿子的眼疾，家中还向亲戚朋友借了不少钱，到现在还未还清，而且现在儿子每天都要靠药物来减少眼疾带来的疼痛，医疗费用不断上涨，高额的医药费使这个家庭雪上加霜，难以摆脱贫困，也没有多余精力去改变。就目前而言，农村社会保障机制还不健全，医疗和社会保险等还很薄弱。对农户而言，如果家庭中有残疾、体弱或年老丧失劳动能力的成员，不仅对家庭收入没有贡献，反而增大支出，导致家庭长期陷入贫困，难以脱贫。该村现有贫困户中，丧失劳动能力的人口所占比重较大，此类贫困户很难通过自己的努力脱贫，就是脱了贫，由于缺乏稳定的收入，也难以继续维持正常的生活，容易重返贫困，需要政府和社会对他们进行长期救助。

2.因年迈、腿疾陷入贫困

一个调查对象表示，家中现在只剩下自己和配偶，自己因为腿部静脉曲张，不能正常步行，就连日常生活都受到一定影响。家中的经济状况本就不好，现在自己又因腿疾而不能下地劳作，导致家中劳动力严重缺乏，维持日常生活都存在困难。而且由于现在村里医保、社保等尚不完善，对于他们而言，这是一个重大的打击。有时候身体好一点，赚点钱，稍微改善家中的情况，但由于收入的不稳定性，疾病总是反复，家中情况也会急转直下，再度陷入贫困的境地。在健康扶贫中，有两个群体难以实现脱贫。其一是老年人，他们身体机能退化，患慢性病、疑难杂症的概率增大，加上缺少良好的生活习惯，往往小病拖成大病，大病没有及时治疗拖成不治之症，后期治疗花较多金钱且病未治愈，使全家陷入贫困难以自拔。疾病、老龄化、残障等问题使家庭债台高筑。对贫困农户来说，生病以后，常常是小病扛，大病拖，而不能再扛、不能再拖的病，治疗费用就成了沉重负担。这类贫困户长期的医疗费用和疾病压得他们喘不过气来，便会采取向亲戚、邻居借钱，以及变卖家畜、农业用具等应付手段，导致家庭摆脱贫困的信心减弱。

3. 患脑血管疾病，巨额医疗支出陷入贫困

在调研中，XYC丈夫患了脑瘤，每年都要花费大量的医疗费，而且整个家庭失去劳动力，全家陷入贫困，被纳入低保。由于身体健康遭到冲击，家庭主要劳动力被排斥在劳动力市场之外，又要家人照顾，甚至每年还要看病吃药（需要2万~3万元），这样的家庭难以顺利脱贫致富。

调研发现，因病致贫、因病返贫在朱岗村贫困人口中占 60% 以上。健康扶贫涉及四块，其一是急性大病，比如突发性心脏病，需要做心脏支架手术，开销近 10 万元。实际上一般做支架，在省里的医院只能报 50%，市里面是 60%，在县里面是 70%，在乡镇和社区可以报 80%；在省级及以上医院治疗报销上限为 50%，而且有些项目不能报销。所以一个农村家庭，一旦有人患上大病，整个家庭就会陷入贫困之中。其二是慢性病，慢性病比较多。年龄越大，高血压、糖尿病、慢性心脏病、血栓，这些基本上每年 3000~4000 元的医疗费开销是刚性支出。其三就是特殊病症，例如癌症。癌症在大病占 40%~50%。老年人贫困比例较高，也是健康扶贫的难点。其四，精神疾病（智力不正常）。在实地走访和调查中，一些家庭由于成员患有精神疾病而陷入贫困，尤其先天性精神疾病。当地传宗接代的思想较为严重。

其实很多大病家庭本身被精准扶贫的其他项目所排斥。这种家庭很少参与产业扶贫、教育扶贫、就业扶贫，只能政策兜底，比如每年享受光伏发电 3000 元的补贴，低保补助、就业扶持（比如养路员、保洁员，他们不劳动，政府只是通过这个形式给钱）。即使精准扶贫完成以后，这些特殊群体可能还处于贫困之中。

当然这只是朱岗村一些家庭的情况，还有许多贫困户贫困程度更为严重。由于疾病，他们失去了劳动力，只能依靠孩子或亲戚，甚者有的无儿无女，更多依靠的是政府救助与邻里之间的接济。就因病致贫的人而言，不是他们不想劳作，不想努力挣钱养活自己，而是无能为力，对于他们而言，脱贫似乎比登天还难。

三 朱岗村健康扶贫的路径选择

贫困会产生并加重健康风险，从而导致健康状况恶化，产生疾病，增加医疗费用；同时劳动能力受到影响，劳动收入减少，这样又会陷入贫困。贫困加重疾病，形成了贫困—疾病的恶性循环。贫困—疾病恶性循环理论认为，资本的缺乏是产生贫困循环的根本原因，而资本形成不足是阻碍经济发展的条件。"贫困—疾病"恶性循环理论正是建立在这个基础之上的。[①] 党的十八届五中全会提出五大发展理念，为全面建成小康社会、向第一个百年奋斗目标迈进，提供了理论指导和行动指南，也为"十三五"时期各项事业发展提供了基本遵循。贫困地区卫生事业发展也应遵循五大发展理念，运用"互联网+"和移动医疗等新技术手段，转变服务模式，体现防治结合和主动服务，变疾病管理为健康管理，提高信息化水平，依托当地自然资源发展特色健康服务业。[②] 强化贫困主体的健康能力建设。健康扶贫在反贫困中占有非常重要的地位，它是推进精准扶贫战略的关键环节，直接关系到贫困人口的获得感。加大健康扶贫的力度，重视健康的人力资

[①] 左停、徐小言：《农村"贫困—疾病"恶性循环与精准扶贫中链式健康保障体系建设》，《西南民族大学学报》（人文社会科学版）2017年第1期。

[②] 朱兆芳：《健康扶贫应融入整体扶贫开发战略》，《中国卫生》2016年第3期。

本，不断提高投资的质量和效率，不仅能够提高农民的健康水平，也能从本质上缓解农村贫困。如何打好健康扶贫攻坚战，增强贫困人口的获得感，乃是精准扶贫实践提出的一个重大现实课题。[①]

（一）精准施策，多样化扶贫举措并举

朱岗村健康扶贫的出路在于坚持以人为本，从贫困户需求出发，分类制定个性化扶贫方案，连接各方扶贫资源，灵活选择服务方式，达到贫困户的助人自助；与此同时，鼓励社会工作专业人才参与扶贫，通过定点帮扶、对口支援、结对共建等方式开展专业社会工作服务。从优势视角出发，挖掘贫困群众的内生动力与潜能，帮助贫困群众建立健全社会支持系统，提升贫困户的可行能力。

（二）连接社会扶贫力量，推动健康扶贫有序发展

在政府大病救助政策兜底的基础上，连接社会力量，推进健康扶贫的有序发展。针对特殊贫困家庭的健康扶贫困境，除了政府的经济救助，要发动社会力量参与救助。改善农村卫生室和乡镇卫生院基础设施，更换新的高质量的医疗器械，逐步提高农村医疗卫生服务水平，让更多的农村患者在村卫生室和乡镇卫生院诊治，这既可以在一定程度上提高农村居民的健康水平，又可以降低他们的医疗支出，从而减轻了农村医疗救助的负担。大力宣传，引起

---

① 陈成文：《从"因病滞贫"看农村医疗保障制度改革》，《探索》2017年第2期。

社会各界对农村困难大重病家庭的广泛关注与支持，拓展贫困家庭的社会救助渠道。同时根据特殊家庭的劳动力状况，安排适当的公益就业岗位，解决贫困家庭的基本生活问题。

（三）构建立体式医疗保障体系

针对慢性病突出的因病致贫问题，建议在加强和完善180健康扶贫工程的基础上，加强慢性病贫困主体的健康管理。鉴于慢性病的特殊性，将慢性病门诊费用归大病统筹基金管理。自此，参合农民中因慢性病住院就诊的比例得到了控制，选择门诊治疗的越来越多，外转诊率也得到控制，不但节约了医疗资源，也使基层医疗机构的服务能力得到了提升。以乡镇卫生院建设为载体，以新农合制度建设为重点，构建立体式医疗保障体系，瞄准因病致贫问题，同时预防因贫致病问题。第一，家庭健康是基础，养成良好的生活习惯和生活方式，在日常生活中预防疾病；第二，加强初级卫生保健工作，包括传染病的控制、孕妇儿童的管理、农村卫生条件的改善、健康教育与健康促进、公共卫生问题法制化、提高中医药服务水平、提高常见病的诊疗水平、加强与新农合的合作等，控制疾病的产生和发展；第三，充分发挥新农合的功能，缓解疾病产生后的经济风险和危害；第四，连接企业和公益组织等，通过医疗互助、商业保险和慈善力量来延伸医疗保险的功能；第五，重视发挥医疗救助的"托底救急"功能，补充基本医疗保险难以触及的地方。

（四）发展大病医疗保险，有效遏制大病致贫问题

在 3510 健康扶贫工程的基础上，推行大病保险制度，增强健康扶贫的政策效力。在实施大病保险制度中，突破以往将大病限制在几种或十几种病种的医疗保险的局限，增加大病保险制度的可及性。建议不能仅仅根据病种审核是否在大病保险范围，若个人年度累计负担的医疗费用达到上一年度人均收入的 50% 或可支配收入，可纳入大病保险，给予高额医疗费用补偿，这样可以避免因患大病可能发生的灾难性医疗支出问题。也就是说基本医疗保险报销后，大病患者发生的高额医疗费用可以二次报销。

第四章

新发展主义与教育扶贫的路径选择

第一节　新发展主义与教育扶贫的关系

一　贫困与教育的关系

　　教育是阻断贫困代际传递的根本手段和重要方式，教育扶贫的目的是通过办好贫困地区和贫困人口的教育事业实现减贫脱贫的战略目标，其本质体现了社会公平正义的价值追求。[①]"让贫困家庭子女都能接受公平有质量的教育，阻断贫困代际传递"，是《中共中央国务院关于打赢脱贫攻坚战的决定》中确立的战略指导思想。"治贫先治愚，

---

① 李兴洲：《公平正义：教育扶贫的价值追求》，《教育研究》2017 年第 3 期。

扶贫先扶智",这是充分强调教育扶贫功能的体现。通过教育可以提升和增加贫困群体的文化素养和职业准备,增强劳动技能,从而提高经济收入,减少贫困的发生。[1] 个体主义贫困论将致贫原因归结为个体的能力缺陷或贫困文化的代际传递。美国学者刘易斯(O.Lewis)指出"贫困文化一经形成便趋向于永久化"。[2] 文化是一种习得和社会化的产物,处于贫困文化中的儿童自幼便受到亚文化基本态度和价值观的浸染,在进入学校之前已经深深打上自己的文化烙印,这种贫困文化通过代际传递,形成封闭循环,从而使贫困群体无法摆脱自身的境遇。[3]

教育对贫困的作用是一个复杂的体系,目前关于教育与贫困的关系主要有三种观点:教育脱贫论、教育致贫论和无影响论。[4] 教育脱贫论者认为,教育能对贫困减缓产生积极作用,主要表现在:第一,教育和技能培训可以显著提高劳动生产率,提高劳动者收入,从而有助于减少贫困;第二,教育对贫困的积极影响不仅仅通过收入或生产率(直接影响),还可以通过一些间接因素,例如降低婴儿死亡率、改变个人决策行为、改善健康状况等;第三,教育能够影响劳动者的思想观念,转变他们的文化和价值体系,使其摒弃一些陋习和低俗思想,对于营造全社会积

---

① 郭晓娜:《教育阻隔代际贫困传递的价值和机制研究——基于可行能力理论的分析框架》,《西南民族大学学报》(人文社科版)2017年第3期。
② Oscar Lewis, "The Culture of Poverty", *Scientific American* (1966).
③ 孟照海:《教育扶贫政策的理论依据及实现条件——国际经验与本土思考》,《教育研究》2016年第11期。
④ 王玺玮:《教育对农村地区反贫困的影响研究——基于湖北省13个市州面板数据的实证分析》,《社会保障研究》2017年第4期。

极向上的环境有重要作用，从而实现更为广泛和有意义的减贫。"因教致贫"的现象主要发生在高中及以上教育阶段，即非义务教育阶段，因为农村家庭相对贫困，抗风险能力较差，在教育的各个环节都会出现脆弱性因子，导致很多农村家庭并没有因教育改变命运。教育收益降低和人才外流却使教育扶贫在农村面临"越扶越贫"的尴尬境地。

二 教育的资源消耗与教育收益的不确定性

2004 年 12 月 14 日，中国社会科学院发布的 2005 年社会蓝皮书显示：近年来我国城乡居民教育费用持续攀升，大大强化了居民的储蓄意愿，子女教育费用在居民总消费中名列首位，超过养老（14.1%）和住房（11.8%），所占比重为 18.9%，城乡居民家庭消费倾向因教育而发生历史性转变。[①] 近年来，我国教育费用的增速远远大于人均收入，教育支出过大使许多家庭背上了沉重的负担。在农村，因"择校费"和高额学费返贫的农民不在少数。与此同时，教育投资存在巨大风险，收益具有较大不确定性。

（一）因教致贫的出现

教育的资源消耗主要表现为教育费用上扬，国家实行"两免一补"政策，减轻了人民群众的教育负担。这种教

[①] 陈烨：《"因教致贫"现象及其根治对策》，《中州学刊》2005 年第 4 期。

育负担的减轻是有形的，而还有很多教育费用的上涨是无形的。教育费用上涨，表现为农村私立学校的学生越来越多，费用越来越高。尽管颍上县私立学校的学生也享受国家政策的补助，[①] 但是这种补助仅限于义务教育阶段的学生，而且补助标准低。私立幼儿园和私立高中学生，不享受国家政策补助。教育费用的上扬主要还表现在高校学费高，最典型的例子是颍上县引以为豪的全国人大代表、感动中国人物——刘丽，[②] 就是为了解决弟弟妹妹的学费，补贴家用，小小年纪就外出打工。2017年，颍上县三胞胎考上大学，大学四年，对他们来说，是一个巨大的负担。目前，我国培养一名大学生一般要16年，义务教育阶段以外的教育投入至少5万元。就业后月薪按2000元计算，至少8年才能将教育投入挣回。[③] 即使获得国家助学贷款，工作后也要还贷款。同时，还存在一大悖论，即教育费用上扬与教育收益不确定性的矛盾。农村大部分孩子，由于教育费用上扬，过早辍学，外出打工，工资低，工作环境差。一部分，上高中考入大学，学费是一笔巨资。最令群众失望的是，教育收益的不确定性。对贫困学生而言，接受教育的直接成本和机会成本显然更大。同时，近年来毕业生就业难和学历贬值，贫困学生在就业市场中处于较为不利的地位，前期的教育投入不能带来预期的收益和回

---

① 颍上会计核算中心:《关于开展2016年秋季学期民办学校学生享受义务教育经费保障机制改革政策工作检查的通知》，颍上教育网，2016年11月16日。

② 座谈会记录。

③ 邹薇、郑浩:《贫困家庭的孩子为什么不读书：风险、人力资本代际传递和贫困陷阱》，《经济学动态》2014年第6期。

报。"就算砸锅卖铁，我也要供 3 个孩子上大学！"[①]的妈妈，精神可嘉。大学毕业后，三个孩子面临工作和成家，高昂的房价，又是压在他们身上的巨石。教育收益的不确定性，是贫困人口教育返贫的主要原因。农村学生即使考上大学接受高等教育，教育的收益率却趋于下降。多数农村学生进入二类、三类院校，他们获得的高等教育在数量和质量上皆处于劣势，在就业市场中缺乏竞争力，职业地位和社会声望较低，这使他们收入低、发展空间受限，很有可能沦为城市的底层，从事准入门槛较低、起薪低、发展空间有限的工作，导致生存压力较大、融入城市困难。高等教育收益率的下降导致从农村出来的大学生难以帮扶因自身接受教育而陷入贫困的家庭。

（二）教育减贫路径的堵塞

教育是贫困人口摆脱贫困的路径之一，尤其是广大农村贫困人口走出贫困的最大希望和动力。自古以来，教育就是改变普通群众命运的希望，"学而优则仕"，激励了一代又一代的国人教育梦。这也是多年来，人民群众和国家对教育信念，"再穷，不能穷教育"等口号的提出，就表明了对教育的信念。越是贫困地区，对高学历的追求越狂热、认识越单一。[②]调查发现，贫困家庭父母普遍存在"学历越高、工资越高"这种想法。一些农村

---

① 《三胞胎高考都过一本线却为学费发愁》，中安在线，2017 年 8 月 1 日。
② 鲁子箫：《农村教育扶贫的"因教致贫"困境及观念转向》，《教育理论与实践》2017 年第 2 期。

地区的贫困家庭，对"知识改变命运"的信念深信不疑，希望子女通过考上大学改变贫困的命运。在唯学历主义的人才观以及"学历至上"等价值观的影响下，一些农村家庭的子女选择继续深造来博取依稀存在于未来的更多机会和更高收入，改变自己在劳动力市场上的不利地位。但现实是，大部分人只是被逼迫着走进了一个死角，求学的心理历程像是一次赌博。近年来，虽然国家实行了"两免一补"等补助政策，但教育的隐形成在逐年增加。公办学校学生逐年减少，私立学校的学生逐步增加，而且私立学校的学费一路飙升。一些贫困群体对于"知识改变命运"的信念逐渐丧失，这成为教育扶贫政策面临的最大冲击。对于贫困群体而言，接受教育必须付出一定的成本，并承担一定的投资风险。其实教育也是一个资源消耗的过程；很多贫困家庭因为接受高等教育的经济成本和时间成本而陷入贫困。

改革开放以来，我国社会人员流动性明显增加，也是经济发展取得巨大成绩的原因之一。但是，近年来，我国社会阶层固化显著增强，社会各个阶层逐步"定形化"。[①]这种社会阶层的"定形化"，使处于弱势群体的农村贫困家庭出来的学生，很难攀升到社会上层。同时，公务员等上升的渠道越来越困难，延迟了教育的流动功能，寒门学子的上升通道越堵越死。

在中国城乡二元社会结构的延续中，农村学生接受

---

① 孙立平:《定型》,《南风窗》2003年第6期。

的基础教育薄弱，在层层升学制度的选拔中节节败退，进入二、三类大学，选择了非热门专业。这一教育积累的弱势使他们在就业市场竞争中的弱势延续。由于家庭经济资本的匮乏和文化资本的缺失，他们缺乏继续求学的信念支撑和经济支持，为了在城市生存较早进入劳动力市场，从事专业不对口的工作，其大学文凭的功用在贬值。当然不可否认，极少数农村大学生突破城乡教育制度和家庭因素的不利约束，成功跨越"农门"，获得具有较高经济回报和社会地位的职业，实现了向上的流动。但是随着高等教育的获得与家庭背景、学校类型之间的联系越来越密切，教育促进社会阶层流动的功能逐渐变弱。[1]教育市场化改革后，我国高等教育成本不断攀升，农村学生因求学而使家庭陷入债务危机屡见不鲜。

三 发展主义与教育扶贫的融合

新发展主义强调，在发展过程中重视人类的创造性的提升。[2]教育扶贫政策的重心不能仅放在办学条件改善和学生资助上，而须准确地诊断致贫的原因，并探究扶贫过程中贫困家庭人力资本的提升。而贫困家庭人力资本的提升，在于通过教育扶贫，增强贫困人口的可持续发展能

---

[1] 孙文中：《教育流动与底层再生产》，《广东社会科学》2016年第4期。

[2] 田毅鹏、陶宇：《"新发展主义"的理论谱系及问题表达》，《福建论坛》（人文社会科学版）2010年第10期。

力，为未来的稳定脱贫奠定基础。在扶贫开发的攻坚期，必须从根源上解决贫困问题，重点关注深度贫困和返贫现象，而破解扶贫难题，必须转变扶贫开发和教育扶贫的模式。[①]

通过教育手段，提升贫困人口的生存和发展能力，从思想上突破"贫困文化"藩篱，是解决贫困问题的基础和关键环节，也是学者致力于研究的重要问题。教育在减贫脱贫过程中发挥着非常重要的作用，肩负着减贫脱贫的历史使命。教育支持精准扶贫精准脱贫，就是要采取特殊措施精准发力，着力扩大农村教育资源供给，在贫困地区普及学前教育，推动义务教育优质均衡发展，推动普通高中教育特色发展，依托职业教育拔除穷根，努力提高高等教育贡献率，提升贫困地区教师整体水平，加大对贫困地区教育的特殊支持，畅通贫困学子纵向流动渠道，扩大资助帮扶政策覆盖面，保障留守儿童健康成长。[②]教育扶贫的目的在于帮助贫困人口脱贫。其核心是通过提高受教育者的读写算能力及技术技能等，增强其社会适应能力，实现稳定就业、提高收入，从而摆脱贫困，其最终目的是提高受教育者的能力。

---

① 孟照海：《教育扶贫政策的理论依据及实现条件》，《教育研究》2016年第11期。

② 王嘉毅、封清云、张金：《教育与精准扶贫精准脱贫》，《教育研究》2016年第7期。

第二节　朱岗村教育扶贫的突出问题与路径选择

一　朱岗村教育扶贫现状与政策实践

朱岗村近几年来，在扶贫攻坚的背景下，大力实施教育扶贫。本地居民本着"百年大计教育为本"的方针，坚持"再穷不能穷教育，再苦不能苦孩子"信念，积极推行教育扶贫工程。朱岗村教育扶贫主要做法如下，在县教育局的统领下，教育扶贫对建档立卡学生实现全覆盖。

（一）教育扶贫的理念与目标

教育扶贫的理念与目标是以"精准资助对象、精准学生资助、精准改善条件"，确保每一位学生不会因贫困而辍学，实现从学前教育、义务教育、普高教育及职高教育、高等教育五个阶段的全覆盖。针对这五个阶段，颍上县出台了相关扶持政策（《颍上县 2017 年教育扶贫工作方案》《颍上县教育局 2017 年教育扶贫实施细则》），推进落实五个阶段的教育扶贫措施。

（二）教育扶贫政策实践

自 2016 年 5 月，颍上县开始实施教育扶贫工程，以确保贫困家庭学生能够顺利完成学业。教育扶贫涵盖了学前教育、义务教育、高中教育及中职教育、高等教育。具体而言，①学前教育阶段，对建档立卡的贫困学生，每生每年发放 800 元资助。2016 年以前，只对公办幼儿园和省里规定的民办幼儿园，但 2017 年覆盖范围扩大至没有审批的幼儿园，所有 3~6 周岁（贫困建档立卡）的孩子都享受这个政策。②义务教育阶段，建档立卡贫困家庭学生免收学杂费，比如书本费、学杂费、校服费，开学之后可以直接就读不用交任何费用。另外，国家贫困县享受"学生营养改善计划"政策，每生每天每餐享受一份 4 元标准的营养餐。一年按照 200 天的上学时间计算发放，一年发放 800 元。对贫困建档立卡的寄宿学生，小学每生每学期补助 500 元（一年 1000 元），初中每生每学期补助 625 元（一年 1250 元）。这些政策实现了义务教育阶段建档立卡贫困学生的全覆盖。③普通高中阶段有两个政策，一是免除学杂费，省示范高中每生每年 1700 元，市示范高中每生每年 1400 元，普通高中每生每年 700 元。二是对建档立卡贫困户发放助学金，每生每年发放 3000 元资助。同时在建档立卡的初期，就不收学杂费。④职高阶段，有两个政策，一个是对建档立卡的一、二、三年级学生免收学杂费，另一个是对建档立卡职高学生一、二年级学生（三年级走向实习岗位）发放助学金，每生每月发放 200 元，全年发放 10 个月，计 2000 元。⑤高等教育阶段涵盖三个层面——高职教育、本科教育和研究生教育阶段。这三个阶段建档立卡贫困家庭的学生都可以享受一次性发放的 2000 元资助。还有国家生源地信用助学贷款，只要是建档立卡的贫困大学生，凭录取通知书可以办理贷款。鉴于贷款的时间限制，颍上县又开辟了颍上农商（农村商业）银行绿色通道，不受时间限制，即来即办，应贷尽贷。这些政策，实现了高等教育的全覆盖。

另外实施"雨露计划"，覆盖接受中等、高等职业教育的农村建档立卡贫困户，包括成人中专、技工院校、高等院校、技师学院，一年两季申报——春季和秋季，均可网上申报和申请，补助标准是每学期 1500 元，每年补助 3000 元，由扶贫办直接实施。从 2015 年到现在，每户符合要求的都可申请资金救助。目前有 300 多户申请，正在审核。

（三）朱岗村教育扶贫现状

朱岗村积极实施教育扶贫政策。学前教育阶段，2017 年春季资助 5 名建档立卡贫困学生（见表 4-1）、2017 年秋季资助 11 名建档立卡贫困学生（见表 4-2）。初中阶段，2017 年秋季资助建档立卡学生如表 4-3 所示。

表 4-1 朱岗村 2017 年春季资助学前教育阶段建档立卡人员一览

单位：元

姓名	年龄	幼儿园性质	年级	户主姓名	与户主关系	资助金额
曹 WQ	4	民办	中班	曹 XQ	孙子	400
曹 YX	5	民办	中班	曹 XP	孙子	400
朱 MH	6	民办	大班	方 YX	孙女	400
崔 YS	4	民办	小班	崔 JL	孙子	400
朱 YY	6	民办	大班	朱 GS	孙子	400

表4-2 朱岗村2017年秋季资助学前教育阶段建档立卡人员一览

姓名	年龄	幼儿园性质	年级	户主姓名	与户主关系	资助金额
曹WQ	4	民办	中班	曹XQ	孙子	400
曹XY	5	民办	中班	曹XP	孙子	400
朱MH	6	民办	大班	方YX	孙女	400
崔YS	4	民办	小班	崔JL	孙子	400
单YG	6	民办	中班	单DM	孙子	400
吴ZJ	4	民办	中班	吴FC	孙子	400
朱YC	5	民办（县外）	中班	朱CA	其他	400
吴ZH	5	民办	大班	吴FC	孙子	400
李ZQ	5	民办	大班	李YY	孙子	400
王B	5	民办	大班	王ZC	孙子	400
王GY	4	民办	中班	王ZS	孙子	400

表4-3 朱岗村2017年秋季资助初中阶段人员一览

单位：元

姓名	年龄	学校所在区域	年级	户主姓名	与户主关系	资助金额
罗WW	9	八里河镇农村	三	王F	儿子	500
汪HQ	11	八里河镇集镇	五	汪DF	儿子	500
王RR	9	八里河镇农村	三	王ZS	孙女	500
王YH	9	八里河镇农村	四	王SD	女儿	500
赵XX	11	八里河镇集镇	六	赵LC	女儿	500
胡NX	8	八里河镇农村	三	胡PP	女儿	500
王SH	14	八里河镇集镇	九	王XL	孙子	625
明XC	9	八里河镇农村	三	明WL	儿子	500
曹JJ	10	八里河镇集镇	四	谢YC	孙子	625
张XN	14	八里河镇集镇	九	张YH	儿子	625
朱WB	10	八里河镇农村	四	朱CY	孙女	500
曹Z	10	八里河镇农村	三	曹XQ	孙子	500
曹JY	8	八里河镇农村	四	曹XQ	孙女	625
姜YH	8	八里河镇农村	二	姜ZN	孙子	500

姓名	年龄	学校所在区域	年级	户主姓名	与户主关系	资助金额
朱 GZ	11	八里河镇中学	八	朱 SQ	儿子	625
钮 SQ	8	东十八铺小学	二	钮 JL	儿子	500
吴 YY	14	八里河镇中学	九	王 ZQ	孙女	625
王 ZY	10	八里河仁里村	四	王 MY	孙子	500
朱 SX	15	东十八铺中学	九	朱 SW	孙子	625
朱 SJ	11	八里河仁里村	五	朱 GS	孙子	500
朱 WY	14	八里河镇中学	八	朱 CY	孙女	625
曹 JB	14	东十八铺中学	九	曹 XS	儿子	625
孙 MD	14	东十八铺中学	九	孙 DL	女儿	625
朱 JY	14	东十八铺中学	八	朱 SX	孙女	625
曹 ZL	7	东十八铺小学	一	曹 JS	儿子	500
王 ZJ	8	八里河仁里村	一	王 MY	孙子	500
罗 YY	14	东十八铺中学	九	罗 SH	孙子	625
朱 YQ	7	八里河仁里村	一	朱 GS	孙子	500
朱 MH	6	慎城镇东方红小学	一	方 YX	孙女	500
张 ZQ	11	慎城镇新时代学校	三	石 LL	女儿	500
朱 K	13	慎城镇城关中学	八	方 YX	孙子	625
朱 CY	9	颍上第十一小学	四	记 JR	孙子	500
曹 AM	9	慎城镇曙光小学	四	曹 JG	孙子	500
张 ZF	7	慎城镇回民小学	一	石 L	儿子	500
王 CY	13	宿州城南一中	七	王 XD	儿子	625
王 HL	18	宿州芦岭矿中学	九	王 XD	女儿	625
曹 YX	14	宣城市奋飞中学	八	曹 HH	女儿	625
刘 LY	8	无锡市新州小学	二	刘 YL	女儿	500

　　高中阶段贫困建档立卡学生资助的名额较少（见表4-4）。2017年资助高职高校教育建档立卡学生情况如表4-5所示。朱岗村由于重视外出务工，多数家庭子女初中毕业甚至还未初中毕业，就外出务工挣钱。因此，这里能完成高中阶段甚至上大学的只是少数家庭。

表4-4 朱岗村2017年资助高中教育阶段建档立卡人员一览

单位：元

姓名	年龄	学校	年级	户主姓名	与户主关系	资助金额
朱SJ	15	颍上二中	高一	朱CJ	女儿	1500（春季）
曹QQ	16	颍上一中	高一	谢YC	孙女	1500（春季）
张MM	18	颍上一中	高三	张ZS	女儿	1500（春季）
刘LN	17	颍上二中	高二	刘L	女儿	1500（春季）
朱SJ	15	颍上二中	高一	朱CJ	女儿	1500（秋季）
曹QQ	16	颍上一中	高一	谢YC	孙女	1500（秋季）

表4-5 朱岗村2017年资助高职高校建档立卡学生人员一览

单位：元

姓名	学校	年级	户主姓名	与户主关系	资助金额
朱DY	安徽外国语学院	大二	朱CJ	女儿	2000（春季）
朱JP	重庆大学	大一	朱SK	儿子	2000（春季）
朱JJ	合肥职业技术学院	大二	朱SK	女儿	2000（春季）
卜FQ	滁州学院	大二	卜QF	女儿	2000（春季）
曹GX	宿州职业技术学院	大一	曹JG	儿子	2000（春季）
范XY	阜阳职业技术学院	大一	范PZ	儿子	2000（春季）
朱JP	重庆大学	大二	朱SK	儿子	2000（秋季）
卜FQ	滁州学院	大三	卜QF	女儿	2000（秋季）
张MM	安徽建筑大学城市建设学院	大一	张ZS	女儿	2000（秋季）
朱H	阜阳职业技术学院	大一	朱SW	孙女	2000（秋季）
朱DY	安徽外国语学院	大三	朱CJ	女儿	2000（秋季）
曹GX	宿州职业技术学院	大二	曹JG	儿子	2000（秋季）
范XY	阜阳职业技术学院	大二	范PZ	儿子	2000（秋季）

二 朱岗村教育扶贫的突出问题

朱岗村3~5周岁儿童578人，幼儿园在园人数221人。本村无公立幼儿园，儿童只能到乡镇和县城就读幼儿园。

本村小学原学前班收费 120 元 / 月，2016 年朱岗村小学撤销，朱岗村小学阶段适龄儿童 887 人，其中在县市小学上学 122 人，去外地上小学 678，在本镇小学上学 87 人。初中教育阶段，在本镇上学（离朱岗村 5 公里）101 人，在县城上学 18 人，去外地上学 77 人。在本镇上初中，享受义务教育两免一补政策。

（一）初中教育阶段升学率不高

相比于高收入家庭，农村贫困家庭普遍地无法或者不愿让子女接受较高教育。这是因为教育的机会成本增加和未来收益的不确定性，贫困家庭投资子女教育的意愿较低。长期以来，颍上县经济社会发展滞后，农村居民只能外出打工获得经济收入。在朱岗村，一些家庭在孩子初中毕业，甚至初中还未毕业，就带他们外出务工。从调查情况看，至 2016 年 12 月 31 日，朱岗村初中毕业未升学的劳动力数 1571 人。当地的升学愿望不够强烈，义务教育阶段辍学率高。尤其是一些贫困家庭，他们很难预期教育的未来收益，担心因教致贫，更是选择让其子女辍学，以打工换取经济收入。2016 年 9 月的教育扶贫，确实可以留住一些学生，辍学率降低了。

（二）高等教育入学意愿降低

贫困家庭子女整体文化程度不高，过早进入劳动力市场，陷入贫困的代际循环。一些贫困家庭经济资本、社会资本和文化资本均处于劣势地位。从对朱岗村的调查情况看，村民受教育程度普遍偏低，至 2016 年底，该村文盲半文盲人口占朱岗村总人口的约 1/3。朱岗村一些贫困户家长寄希望于通过让子女考上大学改变贫穷的命运，以实现向上流动。但是当前的高等教育大众化，接受高等教育的成本不断攀升，许多家庭因为其子女上大学而陷入贫困，这种因教致贫的现状，让贫困家庭中断了子女继续接受高等教育的道路。

（三）转学与择校继续享受教育扶贫政策待遇，衍生教育资源供给的不精准问题

由于城市和农村在教育资源配置的不均衡，一些家庭出于对优质教育资源的追逐，人们争相交纳数目不菲的择校费以求子女能进入重点学校就读。甚至也存在大批贫困家庭为中考考分不济的孩子花费高额赞助费、"买分费"以致家徒四壁的情况。一些建档立卡的贫困家庭学生转学和借读到县城学校，按照该县教育扶贫政策，不能继续享受教育扶贫资源。实践中，一些建档立卡的贫困家庭学生从乡村到县城借读的学生享受到了免学费的教育扶贫政策。朱岗村一初中学生在乡村学校就读，然后借读到颍上二中，享受了免学费的教育扶贫政策，但是没有享受 3000 元普通高中资助政策。

（四）轻视职业教育的教育观念偏差

虽然颍上县出台教了职业教育阶段育扶贫政策，但是当地人更看重的是让孩子读高中考大学，对中等职业教育

的热情很低。一些贫困家庭，为了让子女考大学，让孩子初中毕业到县城复读，然后考高中，这样将会延长教育年限，增加教育开支，加剧家庭贫困的程度。因为一些职业学校毕业生的就业前景差，人们误以为中职教育的文凭含金量低，加上传统上"劳心者治人，劳力者治于人"的教育观念，人们不愿意让其子女接受职业教育。在当前职业教育日益发展的今天，在产业结构转型中，职业学校的毕业生就业形势愈来愈好，因此有必要引导贫困家庭看清形势，客观看待职业教育的发展前景和就业市场的供需结构，摆脱传统守旧的价值观念，避免盲目性和主观性，避免"羊群效应"引发的投资高风险。

三 对朱岗村教育扶贫路径创新的思考

教育扶贫政策的立论基础在于发挥知识和能力在促进社会流动中的关键作用，这便是现代社会所推崇的"贤能主义"。教育是关系民族未来和国家发展的关键一环，是实现人才强国、科教兴国和可持续发展的根本保证。

首先要做到教育的精准扶贫精准脱贫。一方面，教育扶贫对象要精准，真正使贫困家庭的孩子享受扶持政策，各种优惠政策、扶持政策做到精准到户、精准到人。另一方面，措施要精准，真正针对贫困家庭子女的困难和需要，并区分不同学段的不同需要。当前，要充分利用信息技术和互联网，建立准确的教育精准扶贫大数据平台，准确跟踪、精准到位。另外，教育扶贫在高中教育、职业教育及高等教育等层面，要加强对所有学生包括贫困家庭子女在职业准备、生涯规划、自我努力、创新创业等方面的教育和培养，使他们树立奋发有为的意识，实现稳定就业。

其次，对农村贫困户加强技能培训，传播农业经营知识，培养市场观念，提升其应对贫困风险的能力。努力提高贫困人口素质，转变千年以来农村社会固化的思维模式，在脱贫的同时，实现农村、农业的双赢发展。依靠教育扶贫，一方面鼓励高素质人才返回乡村、服务乡村，带动乡村社会发展；另一方面，通过对农村贫困人口的技能培训，实现劳动力素质提升和教育脱贫。[①]

最后，要加大对农村教育资源的投入，完善教育设施建设。就朱岗村而言，建议将村小学重新建设并投入使用，这样本村的适龄儿童可以就近接受教育，节省一些不必要的教育投入。另外本村小学的建立，有助于为朱岗村搭建文化智力建设的平台，吸引一些教师人才，能够为教育扶贫提供精准的文化引领。

总之，在新发展主义的引领下，朱岗村开展以教育为载体的扶贫工作，旨在提高贫困人口综合素质，增强其生存能力。教育扶贫既要治贫更要治愚，突破传统扶贫中直接给予贫困农户物质和金钱所造成的贫困依赖，也要提升其人力资本，更要形塑其价值理念，促使贫困农户树立自

———————————

① 鲁子箫：《农村教育扶贫的"因教致贫"困境及观念转向》，《教育理论与实践》2017年第2期。

力更生的生存和发展意识。教育扶贫是多形式和多层次的，既包括对儿童和青少年的义务教育和高等教育，又包括对成年人的职业培训；既传播知识和技术，又引导人们思想观念的转变。对贫困地区农户进行人力资本投资，提高贫困人口素质，这要求提高农村地区教育质量，逐步开展适合当地农民需要的技能培训。

第五章

生态扶贫与朱岗村精准扶贫的融合

第一节　生态扶贫的理论指向与政策模式探索

　　保护生态与消除贫困是 21 世纪人类可持续发展的主要目标。朱岗村人多地少，又处于颍河和淮河的交汇处，经常遭受水患的侵扰，农业减产时常发生，因而这里面临日渐加重的生态资源问题、日趋紧张的资源形势。一些村民在淮河边的低洼地继续种植农作物，这种农业生产方式面临更多的不确定性，而且不利于保护淮河附近的生态系统。习近平指出，绿水青山就是金山银山。今日中国政府"构建'两屏三带'为主体的生态安全战略格局"，[①] 确立

---

　　① 查燕、王慧荣:《宁夏生态扶贫现状与发展战略研究》,《中国农业资源与区划》2012 年第 1 期。

生态优先、绿色发展的战略定位，实施生态治理、建设与扶贫开发的融合统一，将是实现精准扶贫的必然选择。因此，朱岗村也面临精准扶贫精准脱贫与保护生态环境的挑战。

一 生态扶贫的内涵与政策历程

（一）生态扶贫的内涵

2002 年《人民日报》发表文章指出：“生态扶贫指从改变贫困地区的生态环境着手，通过加强基础设施建设，从而改变贫困地区的生产生活环境，使贫困地区实现可持续发展的一种新的扶贫方式。”[①] 由于贫困与生态环境脆弱具有显著的共生性，可以说，贫困就是人与资源环境之间的一种失调，贫困降低了人们以可持续方式利用资源的能力，从而造成对生态系统的压力。生态扶贫基于新发展理念的扶贫观，不仅注重生态环境与经济发展的协调统一，而且是以人为本，实现人口、资源、环境与经济、社会的全面、协调、可持续的发展。

颍上属于黄淮海平原南端，濒临淮河北岸，个别乡镇处于沿淮行蓄洪区、易涝易旱区，如官屯乡、八里河镇、南照镇，生态条件恶劣。贫瘠的自然资源、恶劣的气候条件、脆弱的生态环境等，导致颍上县的经济社会发展

---

① 罗侠、杨波、庞革平：《新词·新概念：生态扶贫》，《人民日报》2002 年 10 月 28 日。

严重落后。受自然条件的限制，生态环境脆弱地区同时是基础设施落后地区。因此，精准扶贫和生态建设是颍上社会经济发展中最重要的两个目标，要实现社会经济的可持续发展和贫困人口的稳定脱贫，就要从经济发展、社会和谐和生态环境保护等向度，实现生态建设与脱贫攻坚的契合。从生态建设视角看，精准扶贫既要提升每个成员的生存能力，也要转变人们开发利用生存资源的方式，走绿色发展的道路，倡导绿色发展，即解决人口、资源与环境永续协调的问题。既要"金山银山"，更要"绿水青山"注重生态建设与修复，将社会问题和环境问题联系起来。

（二）生态扶贫的政策历程

农业在集中连片特困地区一直处于绝对主导地位，第二、第三产业在农村经济中所占比重非常低，"靠山吃山、靠水吃水"的传统生存模式在该地区屡见不鲜。新中国成立以来，我国经济发展迅速，但长期存在消费结构不合理、经济发展不可持续，进而造成生态系统退化、生物多样性减少、水土流失等严重生态环境问题。随着近些年来我国教育水平、文化、科技、经济等的全面发展，政府对经济发展有了更加成熟的认识，从"先污染、后治理"转变为"绿色可持续发展"；同时，对扶贫工作也有了新的认识和要求，一方面在全面建设小康社会的总体目标下，扶贫工作已经从解决温饱为主要任务的阶段转入加快脱贫致富、改善生态环境、提高发展能力、缩小发展差距的阶段；①另一方面，认识到"存在严重的水、空气、土地污染等生态环境问题的地域，往往也是较为贫穷落后地区"这一现象并非偶然。

"生态扶贫"正是一种针对环境问题、贫困问题交叉影响且容易恶性循环的现象显著而产生的解决措施与方法。自1978年以后，中国农村开发式扶贫先后实施了《国家八七扶贫攻坚计划（1994-2000年）》、《中国农村扶贫开发纲要（2001-2010年）》和《中国农村扶贫开发纲要（2011-2020年）》等国家计划，进入精准扶贫时期。②

随着人们对"人与自然的关系"认识的加深，生态扶贫作为扶贫工作的方式之一，被广泛关注。如1994年3月，《中国21世纪议程》提出，在贫困地区要从青少年开始普及生态环保知识，培养其节约资源、清洁生产、绿色消费意识，为公众广泛参与、推行生态扶贫奠定思想基础。21世纪更是将保护生态系统健康与消除贫困纳入可持续发展战略目标的重点关注领域，如2001年6月颁布的《中国农村扶贫开发纲要（2001-2010年）》强调"扶贫开发必须与资源保护、生态建设相结合，实现资源、人和环境的良性循环，提高贫困地区可持续发展的能力"；同年11月发布的《中国农村扶贫开发的新进展》白皮书，也提出"将扶贫与可持续发展战略相结合"。2011年12月颁布的《中国农村扶贫开发纲要（2011-2020年）》提出

---

① 李慧：《我国连片贫困地区生态扶贫的路径选择》，《四川行政学院学报》2017年第2期。
② 龙涛：《生态扶贫研究综述与重点展望》，《四川林勘设计》2016年第3期。

"在贫困地区继续实施重点生态修复工程，建立生态补偿机制，并重点向贫困地区倾斜，加大重点生态功能区生态补偿力度，重视贫困地区的生物多样性保护"。2013年11月，党的十八届三中全会上提出"坚持使用资源付费和谁污染环境、谁破坏生态谁付费原则；坚持谁受益、谁补偿原则"。2015年12月，中央扶贫开发工作会议上习近平提出"扶贫开发'五个一批'：发展生产脱贫一批，易地搬迁脱贫一批，生态补偿脱贫一批，发展教育脱贫一批，社会保障兜底一批，全方位解决贫困问题"。面临日渐加重的生态环境问题、日趋紧张的资源压力，中国政府"构建'两屏三带'为主体的生态安全战略格局"，[①]确立生态优先、绿色发展的战略定位，实施生态治理、建设与扶贫开发的融合统一，将是实现精准扶贫的必然选择。

二 生态扶贫实践与模式探索

（一）朱岗村生态扶贫的实践

其一，以推进农村环境综合整治项目为契机，治理生态环境。农村过去条件比较差，环境比较脏乱差。生活污水与垃圾随意排放、丢放。除了引导农村居民养成良好的生活习惯外，还要加大基础设施建设。村里的经济条件差，这就需要争取上级的专项资金来搞基础设施建设。积极申报

---

① 查燕、王慧荣：《宁夏生态扶贫现状与发展战略研究》，《中国农业资源与区划》2012年第1期。

省级环保专项资金108万元，这部分资金是中央农村节能减排专项资金用于农村环境连片整治项目的，朱岗村被纳入农村环境整治项目。

其二，以规模化畜禽养殖污染治理，促进生态环境建设。颍上县是农业大县，养殖业是群众增收的主要来源，也是农村的主要污染源。因此，在搞好养殖业的同时，必须搞好养殖污染的治理。建养殖场要正确规划，同时规划、同时建设、同时治理外部污染。同时要求养殖大户编制《规模化畜禽养殖废弃物综合利用项目建议书》，进入省级项目库，积极争取省级环保专项资金，对规模化畜禽养殖废弃物污染进行治理，减少养殖废弃物外排造成的农业面源污染。目前，颍上县已有7个规模化畜禽养殖场的项目进入了省级项目库，4个进入市级项目库。

其三，处罚典型排污超标企业龙头，加强对淡水资源的保护。朱岗村重视水环境保护，改善水循环。一是加强对八里河、焦岗湖、迪沟湿地、五里湖湿地及城镇集中式饮水水源地的生态环境保护，依法取缔水源保护区内的违法建设项目和排污口。二是深入开展环保大检查，加大农村尤其是贫困村的环境执法检查力度，严厉查处各类环境违法行为，取缔违法相关企业。例如查处了一些畜禽加工厂，让养殖户搬迁。

其四，开展生态创建，改善生态环境。朱岗村加强对贫困村的生态创建，结合美丽乡村建设，指导贫困村开展国家级、省级、市级生态乡镇、生态村创建工作。朱岗村按照美丽乡村建设的要求，筹建污水处理厂，治理村内生活污水到处排放的问题。

其五，打造生态产品，创新农业生产方式。朱岗村立足于八里河镇优良的自然生态环境，以现代科技为支撑，大力发展现代农业，深入推动产业结构调整，积极引导131 贫困户发展藕池、养鱼、养獭兔等特色种养业并实现脱贫。

（二）朱岗村生态扶贫的模式

经过多年的探索与努力，朱岗村生态扶贫，以发展生态旅游为主导，带动贫困户脱贫致富；以发展生态养殖为抓手，推动当地种养业绿色发展；以发展生态农业为突破，将生态建设与就业扶贫有机结合；以培育"一村一品"为载体，利用农村留守劳动力生产原生态旅游产品；以建设美丽乡村为契机，改善农村生态环境。

第一，旅游产业带动型。朱岗村具有优美的自然风光，例如八里河风景区就具有很大的发展旅游业的潜力。因此，当地政府决定依托朱岗村为贫困户提供包括园区生产、园林绿化、环境卫生、场馆看护等就业机会，以达到为贫困户创收的目的。经过实践，这项政策的确达到了创收的目的，使人均年收入达到 14400 元，有效缓解了贫困问题。引导旅游产业发展，如鼓励贫困户开设农家乐或者在农家乐就业以及参与其他相关工作（如出售农产品、游客接送服务等）。该项举措有效提高了当地人的收入，使其人均年收入达到 12000 元以上。颍上县地肥水美，物产富饶，因此政府鼓励贫困户从事特色农产品生产加工、特色水产养殖等，也使人均年收入达 10000 元以上。颍上县具有丰富的非物质文化遗产，因此当地贫困户也通过制作手工艺品来创造收益。为支持贫困户自主创业，提高脱贫能力，当地政府为贫困户提供经营场所、建设商铺等，使每户年收入 20000 元以上，通过旅游产业带动贫困户脱贫。

第二，发展生态养殖业。朱岗村依托颍上县鑫犇生态养殖场，使有养殖意愿的贫困户通过小额信贷购买种牛委托给养殖场代养，养殖场与贫困户签订代养协议，种牛归贫困户所有，仔畜归养殖场所有，颍上县鑫犇生态养殖场每年支付给贫困户 2000 元。与水稻种植大户合作发展稻田养殖技术。利用颍上县水域面积较广，发展养殖业、建设一些鱼塘，增加优质绿色农产品供给。例如种植水稻方面，稻鱼共生，发展稻田养鱼、稻田养小龙虾。

第三，以发展生态农业为突破，将生态建设与就业扶贫有机结合，实现产业发展规划与扶贫生态工程的有机结合。朱岗村在精准扶贫过程，利用本地特有的生态资源优势，将生态农业作为颍上精准扶贫实践的支柱产业，通过农业与生态建设相结合，打造了一批民宿客栈、农业休闲观光园、采摘园和农事体验园。即以发展农业为突破，形成"旅游扶贫＋生态扶贫＋产业扶贫"的精准扶贫颍上模式，在颍上脱贫攻坚中发挥重要作用。

第四，以培育"一村一品"为载体，利用农村留守劳动力生产原生态旅游产品，带领贫困户脱贫致富。朱岗村依托美星国际投资管理有限公司和颍上县牡丹源家庭农场，分别投资建设油牡丹种植基地和发展决明子等中药材种植，两家公司雇用贫困户，每人每年工资收入 6000 元以上。

第五，以创建花园特色小镇为契机，改善农村生态环境，推动生态扶贫在脱贫攻坚实践中发挥更大作用。朱岗村依托八里河风景区，在建设花园小镇过程中，园中所有的保洁员、护理员岗位，优先面向贫困户。仅仅朱岗村美丽乡村建设，就吸纳了 131 户贫困户。

第二节　朱岗村生态扶贫的突出问题与路径选择

一　朱岗村生态扶贫的突出问题

通过一系列的政策实践，颍上县改善了生态环境，促进生态农业的发展，培育发展乡村旅游的力量，带动了部分贫困户脱贫致富。但在生态扶贫政策的实施过程中，依然存在一些突出问题。

首先，贫困地区经济社会发展与保护生态环境的张力非常突出。一方面，贫困地区急需外部资源的注入以谋求经济发展；另一方面，贫困地区脆弱的生态环境却无法承受某些产业的布局。[①]

---

① 莫光辉：《绿色减贫：脱贫攻坚战的生态扶贫价值取向与实现路径》，《现代经济探讨》2016 年第 11 期。

其二，生态扶贫主体单一。不仅是颍上县存在主体单一的问题，当前我国扶贫均为政府主导、社会力量参与。随着社会的发展，政府的职能逐渐从管理型转向服务型，而扶贫为公共服务性质，因此，应适当纳入社会力量，使参与扶贫的主体多元化。就现阶段而言，无论是学术研究还是实践工作中，解决贫困问题的对策，几乎都是政府由上而下加以实施调整，例如环保部制定生态补偿制度、水利部牵头水利设施建设、颍上县地方政府带头发展旅游产业等。从国家到地方，都没有充分利用社会力量，没有使社会各团体充分关注扶贫工作。而实际上，社会组织大多由专业技术人员组成，可以充分利用其专业优势充分利用扶贫资源；企业具备充分把握市场脉搏、了解市场风向的特点，在扶贫过程中，能够发挥企业所长，协助贫困地区脱贫、致富。只有充分调动社会各界的力量，充分发挥各界长处，扶贫工作才能够更加有效、进程更快。

其三，贫困农村缺少生态扶贫的经济基础，致使生态创建和生态扶贫工作效果不太明显。生态治理过程中往往需要大量的资源投入，而较长的投入周期一方面增加了贫困地区政府的财政负担，另一方面其成果的脆弱性以及生态环境问题的长期性则增加了贫困群众的脱贫成本。生态扶贫资金不足源于中央财政转移支付的有限性，地方财政无力支付，当地社会资本融入不够。另外，扶贫资金的擅自挪用等资金管理机制上的缺陷也是造成生态扶贫资金短缺的原因之一。生态扶贫资金主要源于政府或扶贫办，资金由上而下发放，在这个过程中如果缺乏监管，可能会出现官商共谋套取上级生态扶贫资金的现象。

其四，扶贫主体缺少创新生态扶贫方式的动力。当前许多贫困县十分愿意接受政府的扶贫项目和扶贫资金，同时，也因为国家优厚的补助，而十分不愿意去掉贫困县的"帽子"。因此，很多贫困县都存在政府占用、挤压国家扶贫资金的现象。缺乏对生态扶贫的正确理解使部分贫困群众并不能真正投入生态治理之中，没有直接从生态扶贫中获得利益使一些贫困群众难以产生对生态扶贫工作的认同。除此之外，扶贫项目的实施缺少第三方机构的评估和审查，可能出现官商抱团的现象，降低了生态扶贫专项资金的实际利用效率，影响了相关主体参与的主动性。

二　新发展主义与朱岗村生态扶贫的路径选择

新发展主义重视结构内部稳定协调发展，突出组织在结构中的作用。基于新发展主义的理念，生态扶贫将对"输血"模式的重点关注转为对"造血"模式的重点关注显得尤为重要。尤其"输血与造血的协同互动"模式是较好地解决农村贫困问题的必然选择。[1] 从新发展主义视角来审视生态扶贫问题，颍上县遵循的是"特色为要，自然为基，以人为本"。践行落实的是五大发展理念——"创

---

[1]　谭贤楚：《"输血"与"造血"的协同——中国农村扶贫模式的演进趋势》，《甘肃社会科学》2011 年第 3 期。

新是生态扶贫的动力；协调是生态扶贫的杠杆；绿色是生态扶贫的方向；共享是生态扶贫的目标；开放是生态脱贫的空间。

首先，以绿色发展为导向，对生态扶贫进行顶层设计。生态扶贫目标设定应遵循生态环境的发展规律，以阶梯式螺旋上升的趋势确定不同阶段的具体目标，最终形成战略目标。[①] 摆脱贫困是生态扶贫最直接的目标，生态保护与建设是其根本目标，而实现贫困地区绿色、可持续发展是其终极战略目标。同时，围绕生态扶贫战略目标制定总体规划。根据当地生态环境条件，结合经济社会发展水平，因地制宜地制定生态扶贫相关政策。制定生态扶贫具体工作方案，强化生态扶贫的可操作性。按照国家扶贫开发总体规划，设计生态扶贫的可行性方案，并将绿色理念精细化融入具体的扶贫举措中。

其次，以协调发展为杠杆，将小城镇建设与生态扶贫有机结合。新型城镇化是农村现代化的必由之路，生态移民工程应该借新型城镇化建设的"东风"，以县城、小城镇或旅游区、工业园区为中心建设移民集中安置区，统筹规划安置区产业发展与移民创业就业，这样既可以让移民能就业、有保障，较好地整体融入城镇化建设，又能推进新型城镇化发展。鼓励和居住支持条件恶劣的贫困农户移民搬迁、异地开发，改善其自然生存环境，避免因自然因素致贫、返贫，同时促使其寻找脱贫的新途径。完善劳动

---

① 杨文静：《生态扶贫：绿色发展视域下扶贫开发新思考》，《华北电力大学学报》（社会科学版）2016年第4期。

力转移模式，通过对贫困户进行技能培训，使其能够异地就业，缓解人地紧张的问题。

又次，以创新生态经济为动力，促使精准扶贫与生态建设良性互动。皖北精准扶贫精准脱贫一定要遵循人与自然和谐共处的原则，走以生产发展、生活富裕、生态优美为目标的脱贫发展之路。发展生态型经济是实现这一目标的有效举措。合理利用生态资源，全面推行生态农业，择优培育绿色产业，有效实施生态项目，紧密联系市场，抓住生态经济增长点。颍上县可以有的自然环境，这是发展生态经济的天然优势。

再次，走共享发展之路，实现基础设施建设与扶贫生态工程的有机结合。生态扶贫全面落实共享发展的内涵，首先加强扶贫资金的整合，完善皖北基础设施，如道路硬化建设、水利水电设施改造工程、自来水户户通工程、农村网络全覆盖、电网改造工程、农村环境整治建设，还农村居民一个清洁美丽的乡村，让他们共享发展的成果。即皖北贫困地区根据生态资源分布情况，借助精准扶贫精准脱贫的春风、财政转移支付的资金、技术力量的嵌入，按照以人为本、共享发展的特点和规律，把各种相关的生态资源要素组合成为一个整体，系统、全面地安排生态资源的保护和开发，以参与合作各方共赢为目标，实现贫困地区生态效益和经济效益最大化。

最后，开放发展空间，整合旅游资源，实现旅游生态资源与旅游产业的有机结合。精准扶贫精准脱贫按照开放发展的理念与特点，将生态扶贫与皖北"美丽乡村"建设相结合，统合扶贫、环保、农业、林业、科技等多个相关职能单位，实现生态贫困问题的综合治理。颍上县濒临淮河，境内有颍河穿境，生态资源丰富，适宜发展生态旅游业。建议当地结合自身生态资源优势，发展生态旅游，开发绿色旅游产品。开发旅游产品是旅游景点附近村民致富的最直接途径，政府应该利用好这一途径，加大对当地贫困人口的旅游产品培训，鼓励贫困人口优先参与旅游产品制作、销售。另外，大力发展乡村游能够增加民众的参与度，扩大民众的受惠面。

第六章

就业扶贫、劳动力转移与朱岗村
生计能力建设

就业是民生之本，只有带动贫困人口创业就业，才能增强贫困人员自主脱贫意识，提高贫困人员收入水平。针对农村贫困家庭的可行能力不足，就业扶贫旨在通过提升贫困人口的人力资本、社会资本，增加其就业机会、经济收入，增多家庭资产，以实现贫困人口的共享发展、自由发展。

第一节　就业与反贫困的关系

一　人力资本理论与反贫困

人力资本理论是 20 世纪 60 年代盛行的一种经济学理论，代表人物有西奥多·W·舒尔茨和加里·贝克尔。在人力资本理论看来，对于现代经济来说，人的知识、能力、健康等人力资本水平的提高，对于经济增长的贡献远比物质资本、劳动力数量的增加更重要。所谓人力资本，就是体现在人力资源身上的、以人力资源的数量和质量表示的一种非物质资本。人力资本包括量与质两个方面，量是指社会中从事现有工作的人数及百分比，质是指技艺、知识、训练程度与其他可以影响人从事生产性工作能力的东西。《1990 年世界发展报告》指出："与贫困作斗争最成功的国家都推行一种有效的使用劳动力的增长模式，并对穷人的人力资源进行投资。这两方面兼顾的方针是减轻贫困的基本战略，两者缺一不可。一方面是为穷人提高运用其最丰富的资产——劳动力的机会，另一方面是改善眼前的福利并提高其利用新出现的机会的能力。"①

我国政府一直把缓解消除贫困作为责无旁贷的责任，并为此作出艰苦的努力、进行了富有意义的探索。我国

---

　　① 世界银行：《1990 年世界发展报告》，中国财政经济出版社，1990。

在反贫困实践中，对人力资本投资较为重视。中央政府和贫困地区政府必须高度重视医疗卫生和营养保健事业的发展，大力完善满足贫困地区人口基本需要的反贫困战略措施，改善贫困地区的人口住房设施和饮水设施。[1]就贫困主体而言，加大对贫穷者的人力资本投入，通过教育、培训和扫盲等手段，提高其文化知识水平，改善其健康状况，是解决贫困问题的关键所在。[2] 促进贫困人口就业，不仅可以提高其经济收入和获得感，还可以提升自我人力资本。就农村内部产业升级而言，农村就业转移公共投资为农村劳动力提供了广阔的就业空间，引导农村劳动者在乡镇企业就业，带动非农就业者返乡创业，从而推动农村从第一产业向第二、第三产业延伸，形成第一、第二、第三产业之间的良性互动机制，帮助农民家庭提升收入，摆脱贫困。[3] 从就业扶贫政策看，引导农村建档立卡贫困人员就业的主要途径包括就地就业、外出就业、自主创业、以工代赈以及公益岗位安置。鼓励支持对象包括贫困家庭劳动力以及吸纳贫困家庭劳动力的企业或各类生产经营主体。

① 赵曦：《人力资本理论与反贫困问题研究》，《改革与战略》1997 年第 4 期。
② 徐淑红、朱显平：《人力资本视阈下的反贫困问题研究》，《社会科学战线》2016 年第 7 期。
③ 李石新、李玲利：《农村人力资本公共投资对农村贫困的影响研究》，《东北农业大学学报》（社会科学版）2013 年第 2 期。

二 就业扶贫及其必要性

迈克尔·谢若登在《资产与穷人》一书中，打破传统福利政策领域以收入为基础的救助政策，率先提出"资产建设理论"的概念。他认为，收入只能维持消费，而资产则能够改变人们的思维和互动方式。收入只是贫困的一种尺度，一种忽视了家庭福利的长期动态尺度。[①]基于迈克尔·谢若登教授提出的"资产建设理论"，资产能够带来收入难以比拟的经济和社会效益。为穷人建立属于他们自己的资产账户，可以帮助他们逐步摆脱贫困，而不仅仅是维持最基本的生活。

从反贫困的视角看，以收入为本的社会福利政策范式注重维持穷人最基本的生活权利，而以资产为本的社会福利政策范式更强调使穷人重新融入社会。在这种新的范式下，穷人可以提升个人资产实现彻底脱贫，并通过代际的转移来获得长远的幸福。[②]"资财"概念由阿玛蒂亚·森提出，即一个国家生产财富的能力，并将其作为发展的终极目标，其中还特别强调了人的能力。

三 朱岗村实施就业扶贫的迫切性与必要性

稠密的人口加上频繁的灾荒阻碍了颍上的区域经济发

[①] 赵祁、曾国平:《基于资产建设理论的中国反贫困政策研究》,《重庆大学学报》(社会科学版) 2008 年第 5 期。

[②] 冯希莹:《社会福利政策范式新走向:实施以资产为本的社会福利政策——对谢若登的〈资产与穷人:一项新的美国福利政策〉的解读》,《社会学研究》2009 年第 2 期。

展，发展滞后是颍上县贫困问题的宏观原因。颍上县早在 1986 年就被国家确定为国家级贫困县，2002 年被确定为国家扶贫开发工作重点县，2011 年被确定为国家扶贫开发工作重点县和大别山连片特困地区片区县。颍上县贫困问题突出，扶贫任务繁重。其中就业扶贫在颍上精准扶贫战略中居于重要地位。

作为皖北重要的劳务输出大县，颍上县产业基础薄弱，青年劳动力以外出务工经商为主。当前扶贫攻坚、全面小康社会建设重视民生建设，需要夯实发展基础，增强贫困主体的发展能力，其中就业属于民生之本，而且就业扶贫可以增强贫困户的人力资本，进而增强贫困家庭的生计能力。因此，就业脱贫在精准脱贫战略中具有重要地位，通过就业帮扶使有劳动能力的建档立卡贫困人口早日通过自己的双手和努力，积极地融入社会，提升自我，进而从根本上摆脱贫困。[1] 就业是民生之本，只有带动贫困人员创业就业，才能增强贫困人员自主脱贫意识，提高贫困人员收入水平。为贫困人员尽可能提供更多的就业岗位，努力帮助贫困家庭劳动力实现转移就业，增加其经济收入，解决生计脆弱性问题，为实现脱贫打下坚实基础。

第六章 —— 就业扶贫、劳动力转移与朱岗村生计能力建设

---

[1] 李鹏:《精准脱贫视阈下就业扶贫：政策回顾、问题诠释与实践探索》,《南都学坛》(人文社会科学学报) 2017 年第 5 期。

第二节　朱岗村就业扶贫政策实践与成效

一　就业扶贫的政策实践

（一）开发公益性就业岗位，带动贫困户以就业促进脱贫

一是以保护资源的方式，积极动员贫困户担任生态护林员，每年给予6000元的工资。用这种方法扶持贫困户来保护本地生态资源。二是设置森林抚育员岗位，也就是让贫困户去管理森林，一亩地除草一年给100元的劳务费，也是省林业厅下拨的资金，这也是对保护林业资源的支持。这些公益性就业岗位，由上级财政按每个月800~1000元的标准给予岗位补贴，以改善贫困家庭生活条件，实现增收脱贫。

（二）打造扶贫车间，为留守农村的贫困户提供就业机会

扶贫车间是一个很好的帮助贫困户的就业载体。颍上县借鉴外省就业扶贫模式，如山东菏泽开创的扶贫车间模式，为农村留守人口提供就业机会。把扶贫车间建到村里面，这样农村留守人员就业比较方便，早晚可以顾家，特别是留守妇女。因为扶贫车间涉及的绝大部分是劳动密集型的产业，没有太多的技术要求。在家的贫困人口多是老弱病残，这样

扶贫车间可以解决一部分贫困人口的就业问题同，也增加了他们的内生动力，提高了他们的收入。

（三）鼓励外出务工经商，以打工收入增强家庭生计能力建设

朱岗村村民以外出务工经商为主，2015年农村居民人均可支配收入上升至11422元，其中工资性收入达到4600元，占比增加到40.3%。就业对增加农民收入的边际效应贡献最大，因此就业扶贫可以明显改善贫困户的生产生活条件。对朱岗村30户贫困户的调查显示，大部分贫困户无法外出务工，常年在家，缺少发展动力。因此，要鼓励当地农民外出务工，以打工收入支持家庭生计能力建设，尽早摆脱贫困。引导具有一技之长的外出务工者，返乡创业。为本地贫困农户提供更多的就业机会，并且传递给他们更多的发展信心。

图6-1 扶贫车间——手袋厂

二 朱岗村就业扶贫成效

朱岗村在就业扶贫方面的主要形式有：①提供公益性就业岗位，如卫生保洁员；②介绍贫困人口到城市务工，例如保安、饭店服务员；③介绍贫困人口到本村的种植大户打零工，如安排到梨园基地务工。2017 年，颍上县累计实现就业脱贫建档立卡贫困人员 1805 人，帮扶有就业意愿和就业能力的贫困人口 5300 人。开发辅助性（公益性）岗位 457 人，开展就业脱贫培训 693 人，认定就业脱贫定点培训机构 4 家，认定县级（居家）就业扶贫基地 93 家，其中居家就业扶贫基地 41 家，认定乡村扶贫车间为居家就业扶贫基地 52 个。发放就业扶贫资金 220 万元。

（一）以龙头企业为依托，带动贫困户就业

朱岗村引进海泉粮油集团，投资 5000 万元兴建粮食储备加工企业，阜阳尖峰帽业、顺发养殖场等企业已落户朱岗村并建成投产，带动贫困户就业，让有劳动能力的贫困家庭实现在家就业，增加家庭人均纯收入。比如贫困户 CFJ 等 12 人，均在阜阳尖峰帽业工作，月工资约 1200 元，在照顾家庭生活的同时，可实现收入稳定、脱贫致富。

（二）介绍贫困户到经济发达地区务工

劳动力转移模式是指通过对贫困地区劳动力进行技能

培训，提高其就业能力，并转移输出实现异地就业。以劳动力转移为依托的就业扶贫模式，既可以转移贫困地区劳动力，缓解人地关系紧张的问题，为当地农村居民增加收入，而且对于推动贫困地区农村居民的城镇化、现代化有重要意义。2015年1月，县人社局介绍朱岗村WXY到苏州电子厂务工。半岗镇贫困劳动者转移就业10500人，开展就业技能培训4079人、新型农民培训650人。

（三）以扶贫车间为主体，带动本地贫困户解决生计问题

颍上县实施扶贫车间的就业扶贫工程，实施扶贫车间吸收一个贫困户就业奖1500元，可贷款100000元的措施。颍上县计划建300个就业扶贫车间，第一批新建60个，已建成56个（截至2017年6月），其中38个已投入使用。解决就业790人，带动贫困户461人，带贫率58%。改造扶贫车间48个，带动1020贫困人口就业。颍上县宏发手袋厂在脱贫攻坚工作中，主动担负起20多户贫困户脱贫的任务。关屯乡三里村扶贫车间由安徽秦洁鞋业入驻，现有工人105人，其中贫困户37人，人日均工资70元。当然扶贫车间主要带动具有劳动能力和身心健康的贫困户就业，从而使他们脱贫致富，但是残疾人、大病患者、老年贫困群体则被排斥在扶贫车间之外了。

第三节　朱岗村就业扶贫的突出问题与路径选择

一　朱岗村就业扶贫面临的突出问题

调研发现，贫困户比非贫困户劳动能力低下，劳动参与机会少，健康状况较差，受教育程度不高，即人力资本普遍不足。正如舒尔茨所言，贫穷国家的贫穷在于"人的能力没有与物质资本齐头并进，而变成经济增长的制约因素"。[①]

朱岗村青壮年劳动力以外出务工为主，在家务农的多是60岁上下的老人、少数残疾人及个别青壮劳力；该村集体也没有自己的产业或企业，更没有支柱产业，是典型的"三无"村集体。从调研情况看，贫困主体处于被动地位，多为低保户、五保贫困户、年老贫困户、残疾贫困户、疾病贫困户。他们往往缺乏独立思想，生产能力较差、发展动机不足，因此有可能形成扶贫"越扶越穷"的状况。在精准扶贫精准脱贫的实践中，其发展后劲有待提高，人力资本培训与提升较为困难。

二　朱岗村就业扶贫与生计能力可持续发展的路径

就业扶贫是从传统的输血式扶贫向造血式扶贫转变的主要形式。在当前的扶贫攻坚阶段，针对皖北地区农村的

[①]　西奥多·W·舒尔茨:《论人力资本投资》，吴珠华等译，北京经济学院出版社，1992。

深度贫困群体，就业扶贫的目标从缓解贫困转变为增强生计能力。

（一）加强农村居民就业的内在发展动力

这种能力的提升需要整体性的社会扶贫政策，包括建立劳动力市场，促进人力资本投资，通过生产性就业和自我就业，消除经济参与的障碍。激发贫困户的脱贫动力和脱贫能力，加强贫困人口技能培训，把外部扶贫的辅助性力量与贫困人群自身努力的主体性力量结合起来，化输血为造血。给农村贫困人口提供谋生的机会，并向他们提供基本的社会服务，增加劳动力的人力资本，提高贫困人口利用谋生机会的能力。因此，就业扶贫以发展贫困户的生计能力为着眼点，提升就业能力，促进贫困人口全面发展。

（二）以创业为依托，促进贫困户就业能力提升

颍上县主要通过县乡上下联动、城乡互助、社会力量参与的方式，采取单位包村、干部包户、队长驻村、企业结对等机制，共同推进精准扶贫工作落实。县直有关单位按照县处级干部不少于 2 户、科以下干部不少于 1 户的原则，分别与联系村的贫困户结成帮扶对子，实行定点帮扶，每年走访慰问不少于 6 次，帮助贫困户制定发展措施、解决发展难题、协调有关扶贫政策落实等；充分发动个体户、私人企业等社会力量分别与有关村结对联系，帮助提供就业岗位、抢建创业平台、开展资金和项目支持、带动就业创业等。

（三）劳务输出政策调整要以提升职业技能为目标，加大对农村居民的劳动技能培训

鼓励外出务工就业，通过培训增强职业技能，增加务工收入，提升家庭生计能力。依托颍上县人力资源和社会保障局的职业技能培训机构，紧扣贫困劳动者培训需求，积极开展电工、焊工、农艺工、厨师、家政护理、托老托幼、酒店服务、康养等职业技能培训，并要求每期申请开班时建档立卡贫困户不低于培训人数的30%，以增强培训的针对性。

（四）再次整合资源，互惠发展，促进贫困户稳定脱贫

新型经营主体与贫困户建立稳定的带动关系，为贫困户提供全产业链服务。针对颍上县劳动力和旅游资源丰富的特点，可以重点培育发展旅游业、农产品加工制造业等劳动密集型产业，提高本地的劳动参与率，在推动地方经济发展的同时，为更多人口提供就业机会。提高产业增值能力，进而提高贫困农户稳定增收的可行能力。[1] 颍上县田园农业种植专业合作社生产的稻米、无公害农副产品等产品原材料都来自半岗镇，共流转土地3860亩，600多户农户入社，带动贫困人口150多人就业，年雇佣工期6个月以上，月工资2000元，实现贫困人口年收入超过12000元。加上贫困户流转土地的费用，实现贫困户一人就业，全家脱贫。

① 阿玛蒂亚·森：《以自由看待发展》，任赜等译，中国人民大学出版社，2013。

精准扶贫精准脱贫百村调研·朱岗村卷
一

第七章

新发展主义与精准扶贫精准脱贫的展望

第一节　本书小结

习近平在 2018 年中央经济工作会议上强调，打好精准扶贫攻坚战，要保证现行标准下的脱贫质量，"既不降低标准，也不吊高胃口"，瞄准特定贫困群众精准帮扶，向深度贫困地区聚焦发力，激发贫困人口内生动力，加强考核监督。[①] 今后的扶贫脱贫要转移到激发贫困人口的内生动力上，让贫困主体能够参与到社会分工体系之中，让他们从低收入领域向高收入领域转移，这也是今后皖北脱贫攻坚的关键。皖北产业基础薄弱，劳动力以外出务工为

---

① 《中央经济工作会议：打好精准脱贫攻坚战，既不降低标准，也不吊高胃口》，新华网，2017 年 12 月 20 日。

主，当地基础设施在全国处于平均偏下的水平，当地农民受教育程度不高，而且贫困人口多为老弱病残。从人力资本和生命历程看，疾病、老龄化和残疾都会令人陷入贫困状态。皖北未来的精准扶贫精准脱贫应该遵循新发展主义。即在扶贫攻坚实践中，坚持内生的、综合的、整体的发展观，按照"创新、协调、绿色、开放、共享"发展理念，实现扶贫发展从外部推动到内源发展，从输血到造血和活血的转变。

从打好扶贫攻坚战的战略背景看，我国社会主要矛盾已发生转变。经济发展进入新常态，人们对美好生活的向往与不均衡不充分的发展之间的矛盾日益突出。传统的发展模式，局限于追求物质财富的累加，农村扶贫开发从体制改革、开发式扶贫，转变为到开发式扶贫与保护式扶贫共存的模式，扶贫资源瞄准机制以区域瞄准为主。农村扶贫脱贫也产生了一些突出问题，如没有扶真贫、真扶贫，反而产生贫困依赖、精英俘获的现象，使扶贫脱贫衍生不公平问题。党的十八届五中全会提出创新、协调、绿色、开放、共享的新发展理念，既是对人类发展实践与理论探索的传承与创新，更是对当前历史发展新阶段所作出的战略回应。① 经济发展新常态提出的内在逻辑要求，就是加快转变发展方式，实现增长动力的转换，在提高发展平衡性、包容性、可持续性的基础上保持中高速增长。"以人为本"理念就是要摆脱传统的发展思维，强调发展的包容

① 张晓晶：《新发展理念的国家担当》，《学习时报》2017 年 8 月 9 日。

性，以尽量满足社会不同成员的需要为追求目标，发展成果最终惠及全体社会成员，实现人类的幸福。激发贫困主体的内生动力，就要注重发展的内生性、整体性和综合性。扶贫攻坚与生态建设本身具有亲和性，走绿色发展之路，进行生态扶贫是深度贫困地区打好扶贫攻坚战最好的支持。

新发展主义是一个开放的理论体系，不断继承和汲取人类社会文明的最新发展成果，包括科学发展观和新发展理念的核心成果。科学发展观注重以人为本，走全面协调、可持续的发展之路。新发展理念是对改革开放以来提出的从根本上转变经济增长方式、贯彻落实科学发展观，以及加快转变经济发展方式的拓展和深化。新发展主义最早注重经济—社会—环境的协调发展，主张内生的、综合的和整体的发展，既关注经济的增长，更加重视人的发展。当前的精准扶贫精准脱贫在皖北朱岗村的实践中，也主要体现了对贫困人口的重视，也融合了内生发展、综合发展和整体发展的理念。比如，健康扶贫和教育扶贫最根本的落脚点在于贫困人口人力资本可行能力的建设；而就业扶贫重在激励贫困户对于精准扶贫的参与，从中获得经济收入和脱贫致富的信心；生态扶贫是皖北经济"五位一体"建设的有机组成部分，也符合可持续发展的要义；产业扶贫是皖北经济社会发展的重中之重，是增强贫困人口、贫困村、贫困县及大别山贫困连片区内生发展动力的关键。当前农村贫困问题呈现多样化特征——由普遍贫困向区域贫困转变、由绝对贫困为主向相对贫困过渡、长期性贫困与暂时性贫困并存。贫困原因由原先以物质困乏、生态环境恶劣、交通不便、人力资本不足等外部性因素为主向生计不稳定、个体依赖性等内生性因素转变，加之因病致贫、因病返贫给贫困人群能力带来的不确定性破坏。市场化过程中贫困地区农村居民市场参与能力弱化，其生计特征从缺穿少吃转变为高度脆弱。在这种形势下，中国传统的扶贫模式不足以有效应对当前贫困问题。

第二节　精准扶贫精准脱贫展望

目前，农村扶贫进入攻坚阶段，但是精准扶贫并不"精准"，贫困户识别、贫困户帮扶甚至扶贫考核管理，过于注重形式化，扶贫实践可能与新发展理念相悖离。精准扶贫下一步的实践中，要注重理论、制度与文化领域的软创新，从源头上注重协调发展，解决精准扶贫中的恶意排斥和贫困户与非贫困户之间发展的不平衡问题。结合以往的经历，完善现有的扶贫政策，引导贫困户走出贫困将成为下一阶段的重要任务。下面将结合颍上县朱岗村的实地调研情况，从新发展主义视角探索与思考扶贫路径。

（一）启动参与式扶贫，提升贫困户的内生发展动力

贫困问题不单单是经济问题，更是社会问题。我们所

说的贫困，应该要从单纯以经济收入衡量生活水平的绝对贫困逐步转向以人为本、动态的、整体的相对贫困。参与式扶贫能够将精准扶贫战略与当地的资源禀赋有机结合，激发贫困户的发展动力并提升其扶贫发展的可行能力。皖北的精准扶贫精准脱贫需要政府的投入、社会的关注，更需要农村居民的广泛参与，按照以人为本的理念，广泛动员农民参与当地的经济建设和社会发展，特别是一些扶贫项目的引进能否符合当地的综合利益，满足其需求，农民是最有发言权的，他们也是农村经济发展和社会建设的真正参与者。因此提倡广泛参与是保证所制定的长远发展规划能持续产生效益并使民众平等享受效益的基础。精准脱贫，一是要提升贫困户的致富能力，以贫困户自主脱贫为核心，挖掘贫困户中具有劳动能力和创新能力的人群，跳出以国家和社会力量为主的怪圈。针对劳动能力缺失或半缺失的特殊贫困户，应当给予同样的关注。强化因人施策、因贫困类型施策。二是要提升贫困户的脱贫志气，督促扶贫干部多走动，支持社会工作等专业力量参与扶贫，深入贫困户，转变一些贫困户"等靠要"的观念，增强其脱贫信心和内生动力，促进其发挥潜能、提升技能，构建社会支持网络，解决"人的素质脱贫"问题。

（二）加大贫困地区基础设施和公共服务投入，促进形成开放市场

加大贫困地区基础设施建设和公共服务投入，诸如道路、文化基础设施建设，搭建信息传播平台，发展通信网

络，为经济发展搭建基础平台。同时通过基础设施投入，改善农村贫困地区公共服务，为进一步脱贫致富创造有利条件。加强中心集镇的市场服务，搞活农村市场，以集镇为中心，向周边村落辐射，吸纳农村居民广泛参与。[①] 一方面只要开放市场，外部的资源就会进入，生产可能性曲线就会向外移动，财富自然就会增加。另一方面市场的开放会使政府和贫困人口形成良性互动，为"参与式"扶贫创造条件，从而优化农村扶贫开发模式，使贫困农村实现可持续发展。

（三）以推进产业扶贫为抓手，让贫困农民参与到社会分工体系，提升贫困村综合发展能力

让农村居民进入劳动力市场，既要他们城市化，同时要注重对他们的劳动技能培训。劳动力转移模式是指通过对贫困地区劳动力进行技能培训，使之学到一技之长后，转移输出从而实现异地就业。劳动力转移模式是深山村的贫困农民走出大山的一项有力措施，也是城镇化建设、解决"三农"问题、增加群众收入的重要途径。

（四）重视和强化教育扶贫，激发贫困主体可持续的脱贫致富意识

在农村贫困地区，开展以教育为载体的扶贫工作，旨在提高贫困人口综合素质，增强其生存能力。教育扶贫

---

① 孙文中：《创新中国农村扶贫模式的路径选择》，《广东社会科学》2013 年第 6 期。

既要治贫更要治愚，突破传统扶贫中直接给予物质和金钱所造成的贫困依赖，也要提升其人力资本，更要形塑其新的价值理念，促使贫困农户树立自力更生的生存和发展意识。

（五）以生态扶贫为载体，将生态建设与健康扶贫有机结合，拓展农村进一步脱贫致富的可持续空间

朱岗村农民的贫困主要源于健康受损，其可行能力下降。因病致贫、因病返贫问题突出。当地自然环境恶劣，生态建设滞后，卫生医疗防疫落后，健康尚不能保证，产业结构更无从改善，采用各种经营方式都难以脱贫。因此，以生态扶贫为载体，将生态建设与健康扶贫有机结合，有利于推动皖北农村的脱贫致富、全面建成小康社会。

总之，践行新发展理念，创新农村扶贫模式，应以发展贫困户生计能力为着眼点，提升就业能力，促进贫困户全面发展。在精准扶贫精准脱贫的战略背景下，在注重底线公平的同时，转向过程公平和结果公正，推动农村扶贫输血、造血与活血的协同发展。同时，加大人力资本投资，动员农村贫困人群广泛参与，提升其发展能力。转变扶贫观念，发挥农村贫困人群的潜能，增加和提升他们在市场中谋求发展的机会、维护自身的权益的能力。

参考文献

阿玛蒂亚·森:《贫困与饥荒——论权利与剥夺》,王宇、王文玉译,商务印书馆,2006。

阿玛蒂亚·森:《以自由看待发展》,任赜等译,中国人民大学出版社,2013。

陈义媛:《精准扶贫的实践偏离与基层治理困局》,《华南农业大学学报》(社会科学版)2017年第6期。

戴维·皮尔斯:《世界无末日:经济学、环境与可持续发展》,张世秋等译,中国财政经济出版社,1996。

党国英:《贫困类型与减贫战略选择》,《改革》2016年第8期。

丁元竹:《农村社区研究:由简单到复杂的社会结构探索(上)》,《农村经济与社会》1992年第3期。

邓维杰:《精准扶贫的难点、对策与路径选择》,《农村经济》2014年第6期。

董晓波:《农村反贫困战略转向研究》,《社会保障研究》2010年第1期。

方鹏骞、苏敏:《论我国健康扶贫的关键问题与体系构建》,《中国卫生政策研究》2017年第6期。

费孝通:《关于贫困地区的概念、原因及开发途径》,《农业现代化研究》1986 年第 6 期。

冯希莹:《社会福利政策范式新走向:实施以资产为本的社会福利政策——对谢若登的〈资产与穷人:一项新的美国福利政策〉的解读》,《社会学研究》2009 年第 2 期。

郭晓娜:《教育阻隔代际贫困传递的价值和机制研究——基于可行能力理论的分析框架》,《西南民族大学学报》(人文社科版)2017 年第 3 期。

洪秋妹、常向阳:《我国农村居民疾病与贫困的相互作用分析》,《农业经济问题》2010 年第 4 期。

蒋永甫、龚丽华、疏春晓:《产业扶贫:在政府行为与市场逻辑之间》,《贵州社会科学》2018 年第 2 期。

李博、左停:《精准扶贫视角下农村产业化扶贫政策执行逻辑的探讨——以 Y 村大棚蔬菜产业扶贫为例》,《西南大学学报》(社会科学版)2016 年第 4 期。

李棉管:《技术难题、政治过程与文化结果》,《社会学研究》2017 年第 1 期。

李石新、李玲利:《农村人力资本公共投资对农村贫困的影响研究》,《东北农业大学学报》(社会科学版)2013 年第 2 期。

李雪萍:《反脆弱发展:连片特困地区贫困治理的新范式》,《华中师范大学学报》(人文社科版)2016 年第 3 期。

李雪萍、王蒙:《多维贫困"行动—结构"分析框架下的生计脆弱——基于武陵山区的实证调查与理论分析》,《华中师范大学学报》(人文社会科学版)2014 年第 5 期。

李小云:《我国农村扶贫战略实施的治理问题》,《贵州社会科学》2013 年第 7 期。

李小云、唐丽霞等:《论我国的扶贫治理》,《吉林大学社会科学学报》2015 年第 4 期。

李兴洲:《公平正义:教育扶贫的价值追求》,《教育研究》2017 年第 3 期。

李志萌、张宜红:《革命老区产业扶贫模式、存在问题及破解路径——以赣南老区为例》,《江西社会科学》2016 年第 7 期。

梁晨:《产业扶贫项目的运作机制与地方政府的角色》,《北京工业大学学报》(社会科学版)2015 年第 5 期。

梁琦、蔡建刚:《资源禀赋、资产性收益与产业扶贫》,《中南大学学报》(社会科学版)2017 年第 4 期。

林闽钢:《在精准扶贫中构建"因病致贫返贫"治理体系》,《中国医疗保险》2016 年第 2 期。

刘国恩、William H.Dow、傅正泓等:《中国的健康人力资本与收入增长》,《经济学季刊》2004 年第 4 期。

刘颖、任苒:《大病卫生支出及其影响》,《中国卫生经济》2010 年第 3 期。

龙涛:《生态扶贫研究综述与重点展望》,《四川林勘设计》2016 年第 3 期。

卢汉文、李文君:《信息不对称条件下贫困户识别偏离过程与逻辑》,《中国农村经济》2016 年第 7 期。

鲁子箫:《农村教育扶贫的"因教致贫"困境及观念转向》,《教育理论与实践》2017 年第 2 期。

陆汉文、梁爱有:《第三方评估与贫困问题的民主治理》,《中国农业大学学报》(社会科学版)2017 年第 5 期。

陆益龙:《农村的个体贫困、连片贫困与精准扶贫》,《甘肃社会科学》2016年第4期。

罗侠、杨波、庞革平:《新词·新概念:生态扶贫》,《人民日报》2002年10月28日。

麦克·布洛维:《公共社会学》,沈原等译,社会科学文献出版社,2007。

迈克尔·谢若登:《资产与穷人:一项新的美国福利政策》,商务印书馆,2005。

孟照海:《教育扶贫政策的理论依据及实现条件》,《教育研究》2016年第11期。

莫光辉:《精准扶贫视域下的产业扶贫实践与路径优化》,《云南大学学报》(社会科学版)2017年第1期。

任超、袁明宝:《分类治理:精准扶贫政策的实践困境与重点方向》,《北京社会科学》2017年第1期。

世界银行:《1990年世界发展报告》,中国财政经济出版社,1990。

孙文中:《创新中国农村扶贫模式的路径选择》,《广东社会科学》2013年第6期。

孙文中:《教育流动与底层再生产》,《广东社会科学》2016年第4期。

谭贤楚:《"输血"与"造血"的协同——中国农村扶贫模式的演进趋势》,《甘肃社会科学》2011年第3期。

唐钧:《追求"精准"的反贫困新战略》,《西北师大学报》(社会科学版)2016年第1期。

万君、张琦:《"内外融合":精准扶贫机制的发展转型与完善路径》,《南京农业大学学报》(社会科学版)2017年第4期。

汪三贵:《在发展中战胜贫困》,《管理世界》2008 年第 11 期。

汪三贵、刘未:《精准扶贫的本质要求》,《毛泽东邓小平理论研究》2016 年第 1 期。

汪三贵、殷浩栋、王瑜:《中国扶贫开发的实践、挑战与政策展望》,《华南师范大学学报》(社会科学版)2017 年第 4 期。

王春光:《社会治理视角下的农村开发扶贫问题研究》,《中共福建省委党校学报》2015 年第 3 期。

王春萍、郑烨:《21 世纪以来中国产业扶贫研究脉络与主题谱系》,《中国人口·资源与环境》2017 年第 6 期。

王嘉毅、封清云、张金:《教育与精准扶贫精准脱贫》,《教育研究》2016 年第 7 期。

王玺玮:《教育对农村地区反贫困的影响研究——基于湖北省 13 个市州面板数据的实证分析》,《社会保障研究》2017 年第 4 期。

王晓毅、张浩等:《发展中的贫困与贫困影响评价》,《国家行政学院学报》2015 年第 1 期。

西奥多·W·舒尔茨:《论人力资本投资》,吴珠华等译,北京经济学院出版,1992。

徐翔、刘尔思:《产业扶贫融资模式创新研究》,《经济纵横》2011 年第 7 期。

许汉泽、李小云:《精准扶贫背景下农村产业扶贫的实践困境——对华北李村产业扶贫项目的考察》,《西北农林科技大学学报》(社会科学版)2017 年第 1 期。

杨文静:《生态扶贫:绿色发展视域下扶贫开发新思考》,《华北电力大学学报》(社会科学版)2016 年第 4 期。

于大川：《健康对中国农村居民收入的影响研究》，华中科技大学博士学位论文，2013。

张晓晶：《新发展理念的国家担当》，《学习时报》2017 年 8 月 9 日。

张永丽、卢晓：《贫困性质转变下多维贫困及原因的识别》，《湖北社会科学》2016 年第 6 期。

赵祁、曾国平：《基于资产建设理论的中国反贫困政策研究》，《重庆大学学报》（社会科学版）2008 年第 5 期。

钟涨宝、狄金华：《中国的农村社区研究传统：意义、困境与突破》，《社会学评论》2013 年第 2 期。

朱兆芳：《健康扶贫应融入整体扶贫开发战略》，《中国卫生》2016 年第 3 期。

邹薇、郑浩：《贫困家庭的孩子为什么不读书：风险、人力资本代际传递和贫困陷阱》，《经济学动态》2014 年第 6 期。

左停、齐顾波、唐丽霞：《新世纪我国农村贫困和反贫困的新特点》，《贵州社会科学》2009 年第 7 期。

左停、徐小言：《农村"贫困—疾病"恶性循环与精准扶贫中链式健康保障体系建设》，《西南民族大学学报》（人文社会科学版）2017 年第 1 期。

Oscar L., "The Culture of Poverty", *Scientific American* (1966).

后 记

　　本书是中国社会科学院"精准扶贫精准脱贫百村调研"子课题"新发展主义与皖北地区农村脱贫攻坚的路径选择"的研究成果。选择安徽北部的颍上县八里河镇朱岗村作为调研点是基于两个方面的考虑。一方面颍上县作为中部地区灾害多发的国定贫困县有其代表性，而选择八里河镇朱岗村又有其特殊性，这里的干部不甘心任由水患灾害摆布，通过群策群力打造的水利工程变患为宝，建成了皖北远近闻名的八里河风景区，体现了当地干部群众不屈不挠的精神。另一方面，子课题的主持人之一孙文中博士的家乡就在颍上县隔壁，对颍上的情况十分熟悉，对当地的村民很有感情，这为课题组进入村庄实地调研、准确认识把握村情民意打下坚实的基础。

　　在帮扶队长、朱岗村包村干部、村两委、扶贫工作队等扶贫成员的共同努力下，朱岗村战胜了历史上的长期贫困问题，于2016年12月实现了整村脱贫。进入精准扶贫、脱贫攻坚以来，颍上县全县多个部门调派人员组织驻村帮扶，顶烈日、冒风雨、披星戴月，奋战在扶贫一线，找准了脱贫攻坚的内生动力，实现了脱贫攻坚与村庄综合发展、贫困农户生计能力增强、新业态融合发展的统一，颍上县于 2018 年底实现了脱贫摘帽。

本课题组于 2017 年 2 月、7 月，2018 年 2 月，2019 年 7 月多次深入朱岗村开展精准扶贫项目调研，先后得到了中共颍上县委、颍上县政府的大力支持和帮助。通过中共颍上县委的协调安排，开展了县扶贫办、县民政局、县农委、县卫健委、县教育局、八里河镇、中国农业银行颍上分行等单位参加的座谈会，从而了解了颍上县精准扶贫精准脱贫的整体情况；尤其感谢中共颍上县委副书记（扶贫专职书记）陈锐，副县长吴建军，县扶贫办刘国东主任、陈姝副主任；感谢陈锐副书记协调颍上县职能部门和部分乡镇，举办扶贫脱贫的座谈会。还要感谢颍上县农委副主任蔡庆宝，他曾陪同课题组调研，后来病倒在工作岗位上，课题组借此机会向他及他的家人致敬。向这些长期投身基层扶贫实践，默默无闻地工作在平凡的岗位上，打造出可歌可泣的业绩的同志致以崇高的敬意！

本课题的顺利实施还得益于颍上县八里河镇镇长王文新、副镇长李先田、副书记徐奎华的帮助和支持。正是得到他们的支持，课题组掌握了朱岗村扶贫脱贫的具体资料和贫困户花名册，为 2017 年 7 月开展问卷调查打下了扎实的基础。2017 年 7 月，在颍上县副书记陈锐、县农委副主任蔡庆宝陪同下，课题组对陈桥镇的瓜蒌种植、半岗镇的生态农业进行了实地调研；2017 年 12 月，课题组在朱岗村副书记汪利、扶贫队长金燹的陪同下对朱岗村黄金梨地、獭兔养殖场实地调研，这为本课题的案例分析奠定了基础。

感谢朱岗村书记朱超秀、主任曹传喜、副书记汪利、村会计侯文阳，他们组织村卫生室、教师代表、贫困户代表和村民代表参与调研座谈。感谢村两委对课题组问卷调查实施给予的支持和帮助。感谢受访的村医生、村干部代表、村教师代表，感谢受访的 30 名贫困户代表和 30 户居民代表，通过他们提供的资料，课题组得以掌握翔实的案例资料和数据分析文本。感谢中铁四局扶贫工作队（朱岗村驻村工作队）队长金羮提供的村部扶贫资料，通过与金羮队长的多次交流，课题组掌握了朱岗村扶贫工作的难点和突出问题，为本课题的实证分析提供了坚实基础。

本书初稿形成后，课题组在中国社会科学院社会学研究所召开专家讨论会，中国社会科学院农村发展研究所檀学文研究员、社会学研究所邹宇春副研究员认真阅读书稿，提出恳切的批评意见，在此向他们致以诚挚的谢意！中国社会科学院社会学研究所所长陈光金研究员在百忙之中抽时间评阅本书的修改稿，并提供专家评阅意见，为书稿的出版提供宝贵的建议，感谢陈光金研究员！中国社会科学院科研局王子豪副局长肯定并支持本课题，项目官员闫珺、田甜两位先后关注课题进展情况，为课题执行提供行政支持和便利，在此向他们致以衷心的感谢！

本书第一章绪论由刁鹏飞、孙文中完成，第二章产业扶贫由孙文中完成，第三章由孙文中完成，第四章由孙文中、孙玉杰完成，第五章由孙文中完成，第六章由孙文中完成，第七章由孙文中完成。

感谢集美大学法学院2014级社会工作专业学生陈美珍、刘剑英、陈少华、张丽，在炎热的夏天，深入朱岗村开展问卷调查，为项目收集资料。感谢亳州市谯城区十河镇党政办主任靳硕辉、颍上县杨湖镇纪委书记孙国元为课题的推进提供了联络工作，孙玉杰老师也参与本课题的调研和课题报告的修改完善工作。感谢朱岗村会计侯文阳对调查的支持。

最后，以书的出版向仍然坚持奋战在脱贫攻坚第一线的颍上县工作人员和村民们致敬。

著者

2020 年 8 月

图书在版编目（CIP）数据

精准扶贫精准脱贫百村调研. 朱岗村卷：皖北农村
脱贫攻坚的路径选择 / 刁鹏飞，孙文中著. -- 北京：
社会科学文献出版社，2020.10
　　ISBN 978-7-5201-7336-0

　　Ⅰ. ①精⋯　Ⅱ. ①刁⋯ ②孙⋯　Ⅲ. ①农村-扶贫-
调查报告-颍上县　Ⅳ. ①F323.8

中国版本图书馆CIP数据核字（2020）第180480号

·精准扶贫精准脱贫百村调研丛书·

精准扶贫精准脱贫百村调研·朱岗村卷
——皖北农村脱贫攻坚的路径选择

著　　者 / 刁鹏飞　孙文中

出 版 人 / 谢寿光
组稿编辑 / 邓泳红
责任编辑 / 张　超
文稿编辑 / 吴云苓

出　　版 / 社会科学文献出版社·皮书出版分社（010）59367127
　　　　　　地址：北京市北三环中路甲29号院华龙大厦　邮编：100029
　　　　　　网址：www.ssap.com.cn
发　　行 / 市场营销中心（010）59367081　59367083
印　　装 / 三河市尚艺印装有限公司

规　　格 / 开　本：787mm×1092mm 1/16
　　　　　　印　张：12.75　字　数：122千字
版　　次 / 2020年10月第1版　2020年10月第1次印刷
书　　号 / ISBN 978-7-5201-7336-0
定　　价 / 59.00元

本书如有印装质量问题，请与读者服务中心（010-59367028）联系